今日宜逛园

圆明园里的日常

朱强 著

中国林业出版社
China Forestry Publishing House

本书由北京市教育委员会科研计划项目（KM202410020003）和北京农学院科技发展基金"基于多时期图档文献的北京三山五园地区空间格局复原及布局理法研究"（编号QJKC-2022057）资助。

图书在版编目（CIP）数据

今日宜逛园：圆明园里的日常 / 朱强著. —— 北京：
中国林业出版社, 2024. 10. —— ISBN 978-7-5219-2949
-2

Ⅰ. K928.73

中国国家版本馆CIP数据核字第20243E4H10号

责任编辑：孙 瑶 袁丽莉
插 画 师：李 雪
装帧设计：刘临川

出版发行：中国林业出版社
　　　　　（100009，北京市西城区刘海胡同7号，电话010-83143629）
电子邮箱：cfphzbs@163.com
网址：https://www.cfph.net
印刷：河北京平诚乾印刷有限公司
版次：2024年10月第1版
印次：2024年10月第1次
开本：710mm×1000mm　1/16
印张：10.25
字数：255千字
定价：68.00元

序

　　我的一位年轻同事、园林学院的青年教师朱强最近拿给我一部关于圆明园的书稿。我带着极大的兴趣通读之后，认为这本书解答了我多年来的一个疑问，那就是为什么圆明园在人们心中的文化地位如此崇高。此书分为六大部分，对圆明园的很多方面都进行了直观且透彻的解读，为我们理解和欣赏它的美学与历史价值提供了一个全新的视角。景点背后的丰厚内涵令人深有感触，例如，九岛环湖的整体布局取自"九州说"，其内的九个景区寄托有修身、齐家、治国和平天下的不同思想境界。令人瞩目的还有圆明园中盛大的节庆与游园活动，天价的账单与庞大的管理队伍等。在当前国家高度重视历史文化保护与传承的背景下，相信这本书不仅能帮助人们了解圆明园，从中感受到中华文化的博大精深，也能够带来很多思考。

　　在建设都市农林特色高水平应用型大学的进程中，风景园林的研究与实践是北京农学院的特色方向之一。自朱强老师入职以来，他的热情、才华与学术精神令人感动，为北京农学院的教育、科研与社会服务工作注入了新的活力，他也是一位年轻的北京"最美科技工作者"荣誉称号获得者。不难看出，朱强老师对于园林历史文化研究与传播工作有着发自内心的热爱，难能可贵。我们也非常愿意鼓励与支持像他这样的青年科技工作者，为他施展才华搭建平台，这与北京农学院致力于服务新时代首都发展的目标是一致的。最后，期待朱强老师团队今后能为文化遗产保护与传承事业作出更多的贡献！

北京农学院党委副书记、院长 段留生
2024年8月

前言

"清代造园是中华民族古代的最后一个高潮，而圆明园是高潮的浪花，不仅得到国人的首肯，也成为世界名士赞扬的典型。"

——中国风景园林界泰斗 孟兆祯先生（1932—2022）

圆明园作为清代最重要的皇家园林，既是数千年悠久造园传统的集大成者，也是清代宫廷文化的主要载体和众多历史事件的发生地。清代皇室热衷造园和居园，他们一生中有相当长的时间都是在园林度过的，故而人们常说"一座圆明园，半部清代史"。虽然圆明园是座禁苑，但它在百姓心中有着很高的文化地位，在传教士与外国使团的广泛传播下，它的声誉更是令很多东亚与西欧的外国人对它心驰神往。它不仅让朝鲜使臣发出"小邦安有如此神巧之制作？今日身到十洲三岛之仙境，是岂平生梦想之所及"的惊叹，也让远道而来并目睹了焚园的英军牧师折服："必须有一位身兼诗人、画家、历史学家、艺术品鉴赏家、中国学者和其他我也一时说不完的各种才华的人物，才能描写得更为详尽，让你有更清晰的概念。"

1860年（咸丰十年）10月，英法联军占据圆明园，"万园之园"惨遭大肆劫掠，并被野蛮焚毁。这对西方民众来说早已是尘封的历史，但在全体华人心中是一个无法忘记的至暗时刻。这场"庚申浩劫"对人们内心的冲击十分巨大，但也激发了近代救国先驱们的强大斗志。在圆明园沦为一片焦土之后，很多人才有机会踏上这片特殊的土地。王闿运写下"废宇倾基君好看，艰危始识中兴难"，李大钊写下"一曲悲笳吹不尽，残灰犹共晚烟飞"，还有一些前辈在艰苦条件下考据出它远逝的辉煌。直到今天，对圆明园的研究已经开启了近一个世纪，学者们依然抱有极高的热情。不过，圆明园实际还有太多的历史细节有待探索，毕竟还有大片的遗址深埋于地下，也有大量的历史文献有待发掘。要是能"穿越"回去看一看、聊一聊，那该多么美妙！

对于大多数游客或市民来说，圆明园是景点，是遗址，也是公园。接触了书本与各种宣传报道之后，人们对它的很多认识可能依然建立在传闻、想象或是猜测之上，甚至会轻蔑地抱怨一句"没什么可看的"。但请别忘了，它本应是与法国的凡尔赛宫、意大利的卡塞塔花园、日本的京都御苑等宏伟园林齐名的著名世界遗产。对于在文化强国之路上阔步前行的我国而言，圆明园遗址的未来发展是万众瞩目的大事。孟兆祯先生倡导园林应"综合效益化诗篇，生生不息德为先"。圆明园已经300多岁了，我们应该一道守护好、利用好和传承好，让这片珍贵的"城市绿洲"继续滋养人们的物质与精神生活。

带着一份持续16年的炽热情感，作者希望通过二十讲的图文内容向读者们勾勒一个"立体"的圆明园形象，每一讲围绕一个小专题展开。书中既包含设计建造的美学思想，也涉及园林使用管理的人和事。何为"立体"？本书会通过展示原始的文献、档案，重点讲述园子的主人们如何思考、如何生活、如何赏游、如何品味。本书不仅陈述史实，而且从园林风景中解读帝王与家人的生活、对自然的向往、对创作的热情、对文化的自信、对国家的忧患等诸多情感。总之，希望本书能为读者带来一些不一样的启发和灵感。

目录

◆ [专题1] 圆明园的布局与全书索引

清代雍正至咸丰年间，圆明园在功能上无异于一座"园林中的紫禁城"，里面"上演"着很多关于国家政务、军事训练、宗教祭祀、生活寝居、风景游赏的活动。这些活动与园林中不同的空间紧密关联，让圆明园内的景致丰富多样，也承载了厚重的文化内涵。

● 圆明园（207公顷）

⑲ 福海及周围景区
—— 水上游览活动区【第十二讲】

⑯ ⑰ ⑱
同乐园、买卖街、舍卫城
—— 宫廷娱乐活动与市井体验区【第十三讲】

⑬ ⑭ ⑮
映水兰香、澹泊宁静、顺木天
—— 关切农桑的田园风光景观区

大北门

⑩ ⑪ ⑫
日天琳宇、月地云居、鸿慈永祜
—— 儒释道集中的祭祀活动中心【第十一讲】

进水口

福海

后湖

进水口

前湖

⑦ ⑤ ⑥
后湖九岛、长春仙馆、洞天深处
—— 皇室成员寝居生活区【第五~七讲】

⑨
山高水长 —— 军事训练与节庆表演的多功能活动区
【第十讲、第十四讲】

⑧
银库、清茶房、膳房、十三所、御膳房、吉祥所
—— 政务与宫廷的后勤保障区【第十六、十七讲】

出入贤良门

圆明园大宫门

进水口

① ② ③
大宫门、正大光明、勤政亲贤 —— 清帝国的行政办公中心【第八、九讲】

圆明园的水系怎样来去？【第一讲："三山五园"与圆明园】
园林引水造景在清代是权贵阶层才拥有的特权，圆明园内的水系几乎遍布了所有景致，分为河、湖、溪、瀑、泉等多种形态，是一项很有技术含量的水利工程。圆明园水系来源及海淀的地理环境详见第一讲。

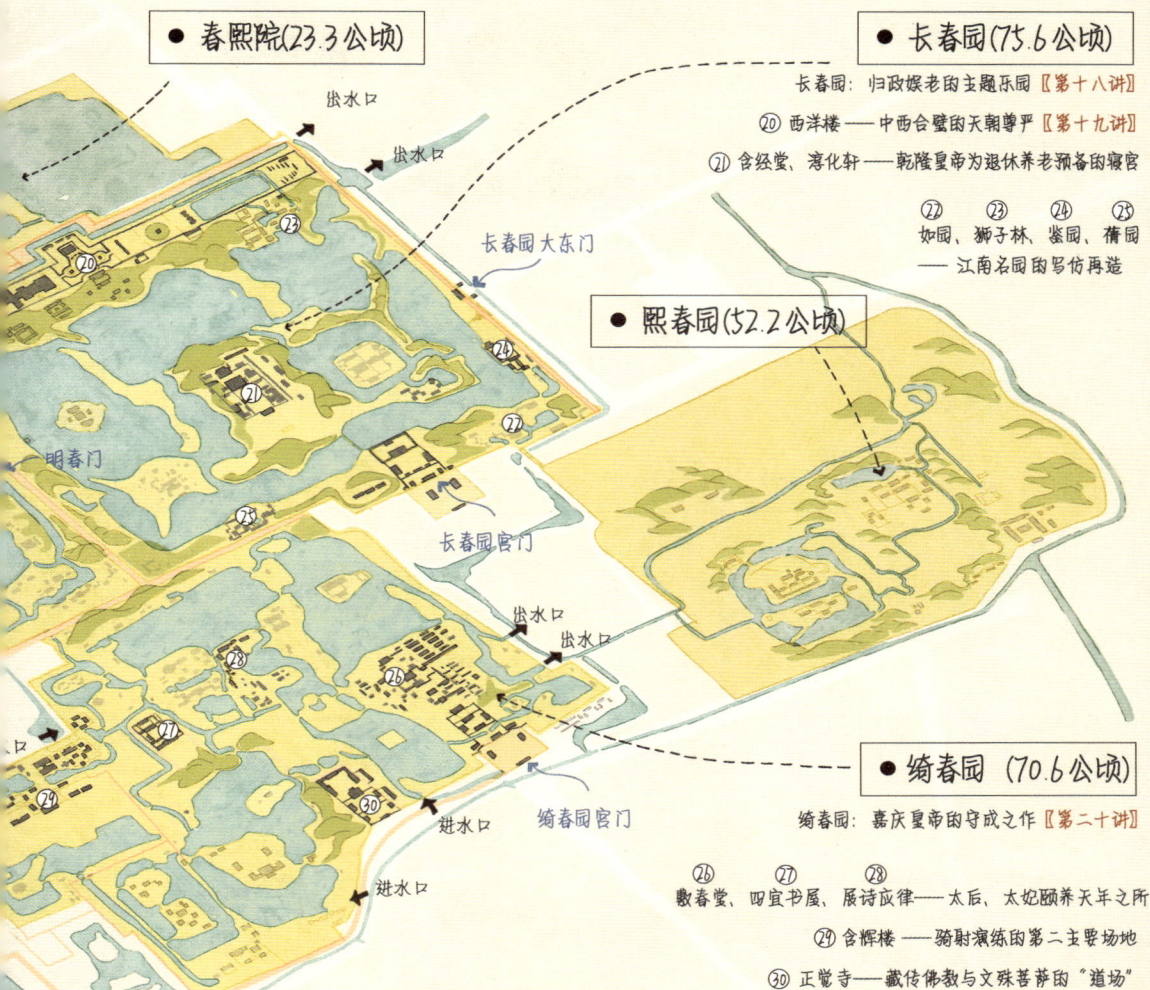

● 春熙院(23.3公顷)

出水口

出水口

㉓

⑳

● 长春园(75.6公顷)

长春园：归政娱老的主题乐园【第十八讲】

⑳ 西洋楼——中西合璧的天朝尊严【第十九讲】

㉑ 含经堂、淳化轩——乾隆皇帝为退休养老预备的寝宫

㉒　㉓　㉔　㉕

如园、狮子林、鉴园、蒨园

——江南名园的写仿再造

长春园大东门

● 熙春园(52.2公顷)

㉔

㉑

㉗

明春门

长春园宫门

㉕

出水口

出水口

㉘

㉖

㉗

● 绮春园 (70.6公顷)

绮春园：嘉庆皇帝的守成之作【第二十讲】

㉙

㉚

进水口

绮春园宫门

进水口

㉖　㉗　㉘

敷春堂、四宜书屋、展诗应律——太后、太妃颐养天年之所

㉙ 含辉楼——骑射演练的第二主要场地

㉚ 正觉寺——藏传佛教与文殊菩萨的"道场"

读图指引

北

示意该段长度为10米

0　10　　30　　　　　　60米

指北针　　　　　　　比例尺

与比例尺该段等宽，则实际距离为30米

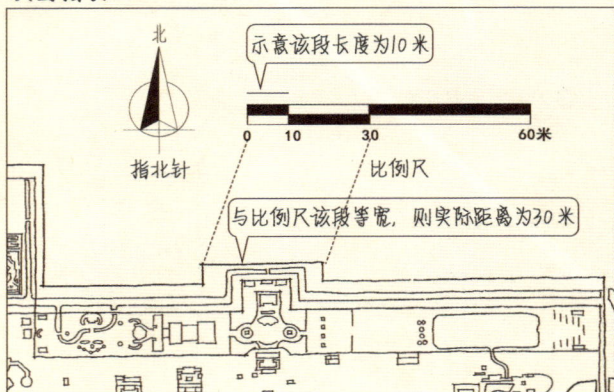

圆明园的宫门有哪些？【第十五讲：圆明园的宫门与管理】

庞大的皇家宫苑每天都有大量人员进出，在等级森严的清代，内务府规定了不同宫门的职能，匠师又根据其重要性设计了多样的外观。图中标注了最主要的九座宫门：

(圆明园) 大宫门、出入贤良门、福园门、明春门、北楼门 (长春园) 宫门、大东门 (绮春园) 宫门

◆ [专题2] **圆明园历史图轴**

◎曾居住于绮春园的亲王及大臣：

怡亲王允祥　　　　富察傅恒　　　　成亲王永□
（交辉园时期）　　（春和园时期）　　（西爽村时）

◎绮春园发展历史：

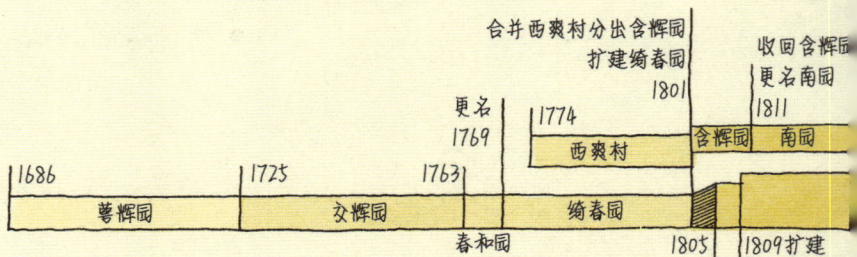

合并西爽村分出含辉园
扩建绮春园
1801
收回含辉园
更名南园
1811

更名 1769　　1774
西爽村　　含辉园　南园

1686　　　1725　　　1763
蔚辉园　　交辉园　　绮春园
春和园　　1805　1809扩建

◎长春园发展历史：

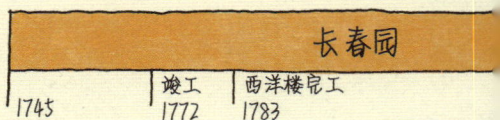

长春园
1745　竣工 1772　西洋楼完工 1783

◎历史发展时间脉络：

1644

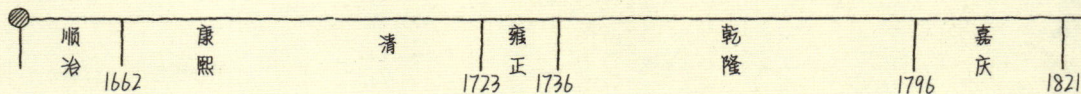

顺治　康熙　　清　雍正　　乾隆　　嘉庆
1662　　　　1723 1736　　　1796　1821

◎对圆明园起到重要影响的皇帝：

雍正帝　　乾隆帝　　嘉庆帝　　道光帝

◎圆明园发展历史：

圆明园
1707 始建
1723—1725 扩建
1737—1744 扩建
1755 改建杏花春馆 廓然大公
1793 马戛尔尼访华

慈禧太后

◎ **读图说明**：如图展现的是圆明三园的简明历史，色带长度代表园林的存续时间，宽度代表园林规模。您可以将图中央的清代历史发展与三园各自的发展轨迹对照阅读，从中找到它们在清代两百多年间的若干重大历史事件，例如扩建、改建、重建、焚毁等。绮春园的变迁相对复杂，早期它并非属于御园，经过了多任园主才为皇家所有；另外，绮春园也是三园中唯一幸存有木结构建筑（正觉寺）的景区。

1860
沦为废墟

1900
沦为废墟

合并
1828

重建更名
1873

春园　　万春园　　　　　　　废墟

废墟　　　　废墟

重建
1873

1860
英法联军侵华

1900
八国联军侵华

1912
清朝覆灭

1949
新中国成立

2023

咸丰

同治

光绪

中华民国

1851　1862　1875　　　1909　　　1949

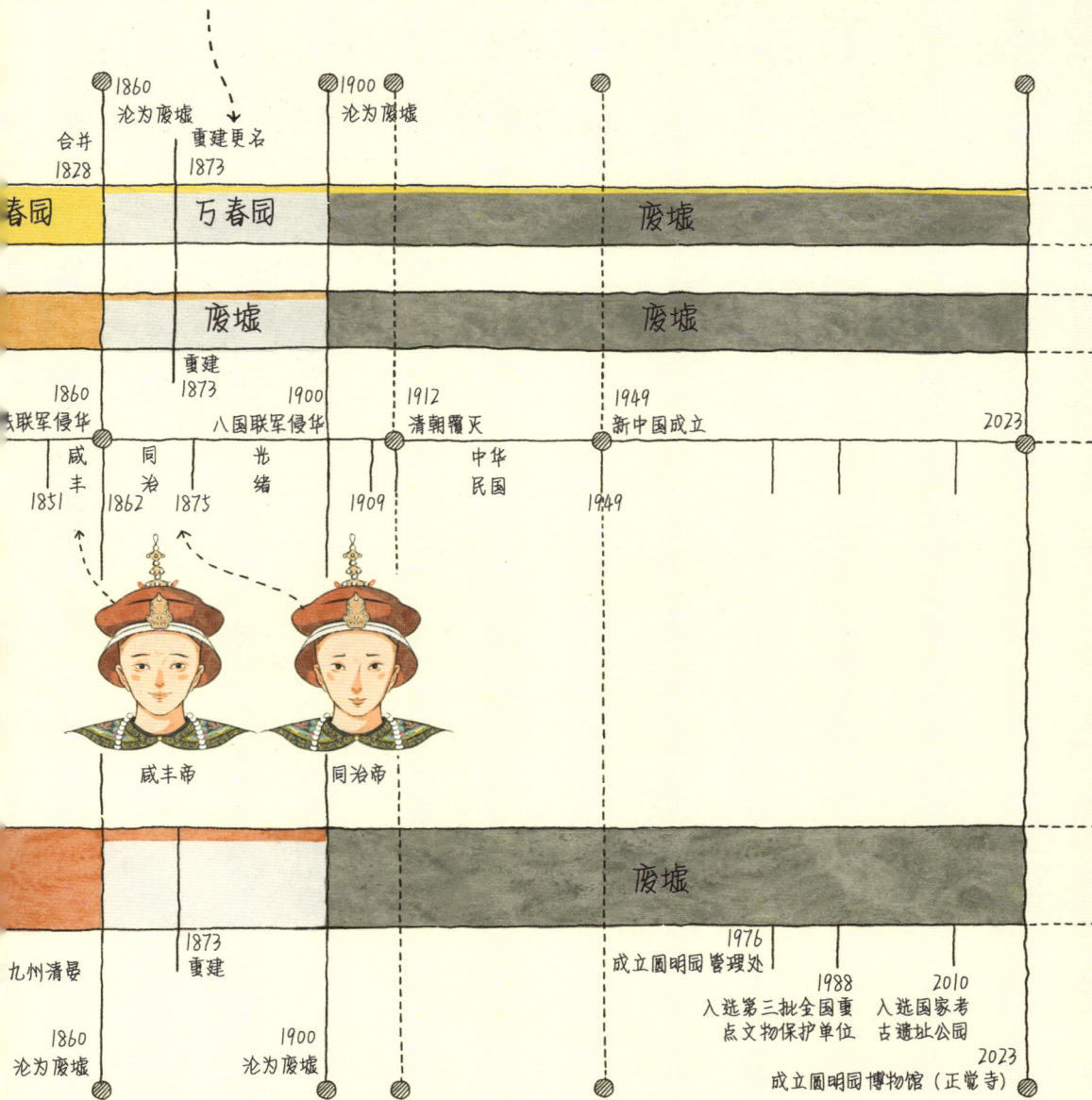

咸丰帝　　同治帝

九州清晏　　废墟

1873
重建

1976
成立圆明园管理处

1988
入选第三批全国重点文物保护单位

2010
入选国家考古遗址公园

九州清晏

1873
重建

1860
沦为废墟

1900
沦为废墟

2023
成立圆明园博物馆（正觉寺）

今日宜逛园

圆明园里的日常

第一卷

背景篇

第一讲 "三山五园"与圆明园

在这一讲中你将了解到

"三山五园"一词的来源是什么？

圆明园在三山五园皇家园林群中有怎样的定位？

"三"和"五"组合的词汇不胜枚举，似乎已成为表述数量的一个习惯，如"三皇五帝"、"三山五岳"[1]、"三令五申"、"三年五载"……但"三山五园"这个词的历史并不十分久远。晚清以来，人们习惯将北京西北郊的清代皇家园林群统称为"五园三山"，如清末大臣鲍源深（1811—1884）在《补竹轩文集》中提到的"九月初，夷人焚五园三山，圆明园内外胜景，悉成煨烬矣"，现中国国家图书馆收藏的《五园三山及外三营地图》也是一个印证（图1-1）。或许

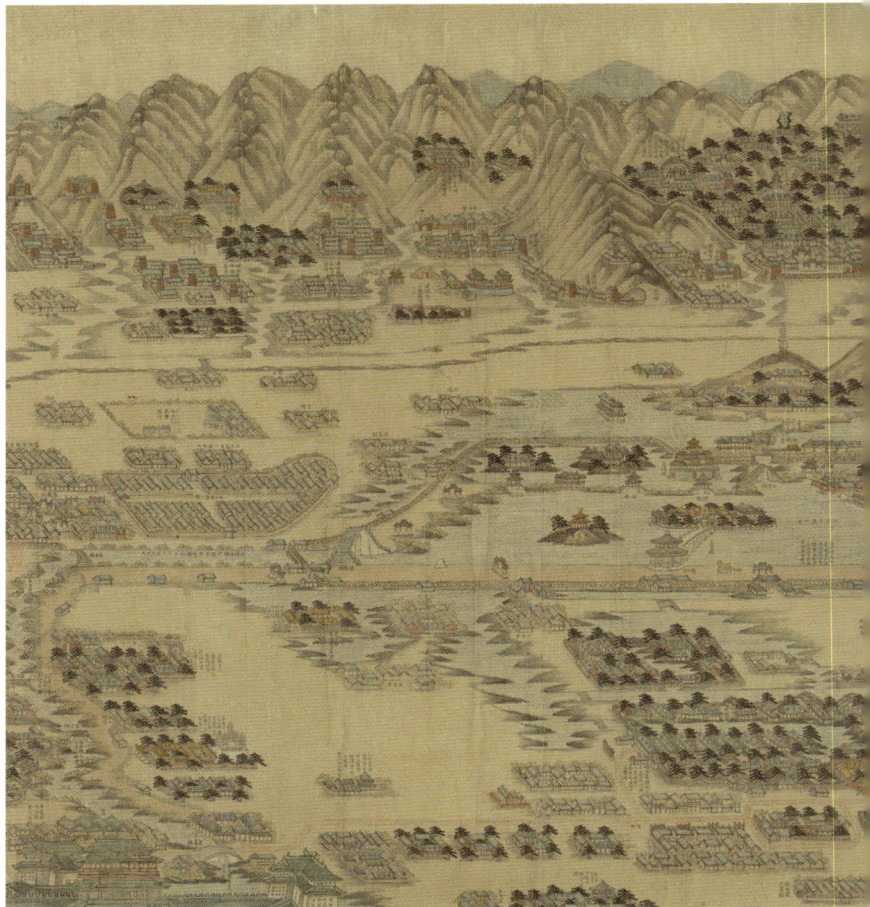

[1] "三山"是传说中的蓬莱（蓬壶）、方丈（方壶）、瀛洲（瀛壶）；"五岳"指泰山、华山、衡山、嵩山、恒山。

为了称呼更加顺口,人们索性就将"三山"调至"五园"的前面,一个新词汇就诞生了。

事实上,在清宫档案中,由于三座园林与对应的三座山之间密不可分,"三山"与"三园"可以互为代称,即万寿山——清漪园(即颐和园的前身)、玉泉山——静明园、香山——静宜园,类似于"瀛台"或"三海"指代紫禁城旁的西苑。但"五园"的含义发生过变化,它曾指代"御园"——圆明园及其附属的四座小园林,按照隶属的先后顺序依次为长春园、熙春园、绮春园和春熙院,后来春熙院和熙春园在嘉庆七年(1802)和道光二年(1822)陆续脱离了圆明园,"五园"的这一说法被淡化。如今圆明园仅包括三园——圆明园、长春园和绮春园。

"圆明园、长春园、熙春园、绮春园、春熙院五园额设食一两五钱钱粮园户头目二十名,每名每月拟添银五钱;食一两粮园户、园隶六百二十七名,每名每月拟添银五钱;食一两钱粮匠役二十名,每名每月拟添银五钱。"
——乾隆五十二年《和珅等奏遵旨酌添园户头目等人钱粮折(附清单)》

"二十二年十月总管内务府大臣苏楞额、常福面奉谕旨,嗣后三山、畅春园等处应领银两著由圆明园支领,如圆明园银两不敷支发,著奏明由广储司所存银两内拨给圆明园,再行发给支领,奉宸苑、南苑等处应领银两著由广储司造办处支领。钦此。"
——道光年间《钦定总管内务府现行则例》

"正在谆嘱商办间,即见西北一带烟焰忽炽,旋接探报,夷人带有马步数千名前赴海淀一带,将圆明园、三山等处宫殿焚烧。臣等登高瞭望,见火光至今未熄,痛心惨目所不忍言。"
——咸丰十年《奕䜣等奏夷兵焚毁园庭片》

图1-1(清)常印 绘·《五园三山及外三营地图》(中国国家图书馆藏)

按照北京市最新公布的《北京城市总体规划（2016—2035年）》，"三山五园"是"北京西北郊以清代皇家园林为代表的各历史时期文化遗产的统称"。需要特别说明的是，"三山五园"并非指八座古迹，应将"山"与"园"放在一起表述才更为准确。按照自东向西的空间顺序，它是圆明园、畅春园、万寿山·颐和园、玉泉山·静明园和香山·静宜园为核心的古代人居环境系统，是一片承载了特殊民族记忆的风景园林文化遗产（图1-2）。

在这片经过了皇家整体谋划布局的地区中，除了上述五座核心的皇家园林，还密集分布有皇家赐园、八旗驻军、河湖水系、村镇、农田、寺观、陵寝和道路。这里不同于传统意义上

的城池，更像一座没有城墙的"山水都城"。三山五园是自辽金时期起皇家、僧侣、文人、工匠、农民等在城郊的这片土地上不懈经营的结果，而非清朝在两百多年间建成的。

对于圆明园这样一个造园艺术的典范，人们可以从历史、文学、艺术、哲学、建筑、植物等很多视角来理解，但设计视角或许最容易触及古人创作的本意。

从地理区位上看，圆明园坐落于三山五园地区东北部的平原湿地之中，与南侧的畅春园隔万泉河互望，其周边还密集分布有自得园、翰林花园、蔚秀园、淑春园、鸣鹤园、朗润园等多座中小型皇家赐园，并有较多的军队驻扎，因此将这片区域视为皇亲贵胄聚居的"园林社区"

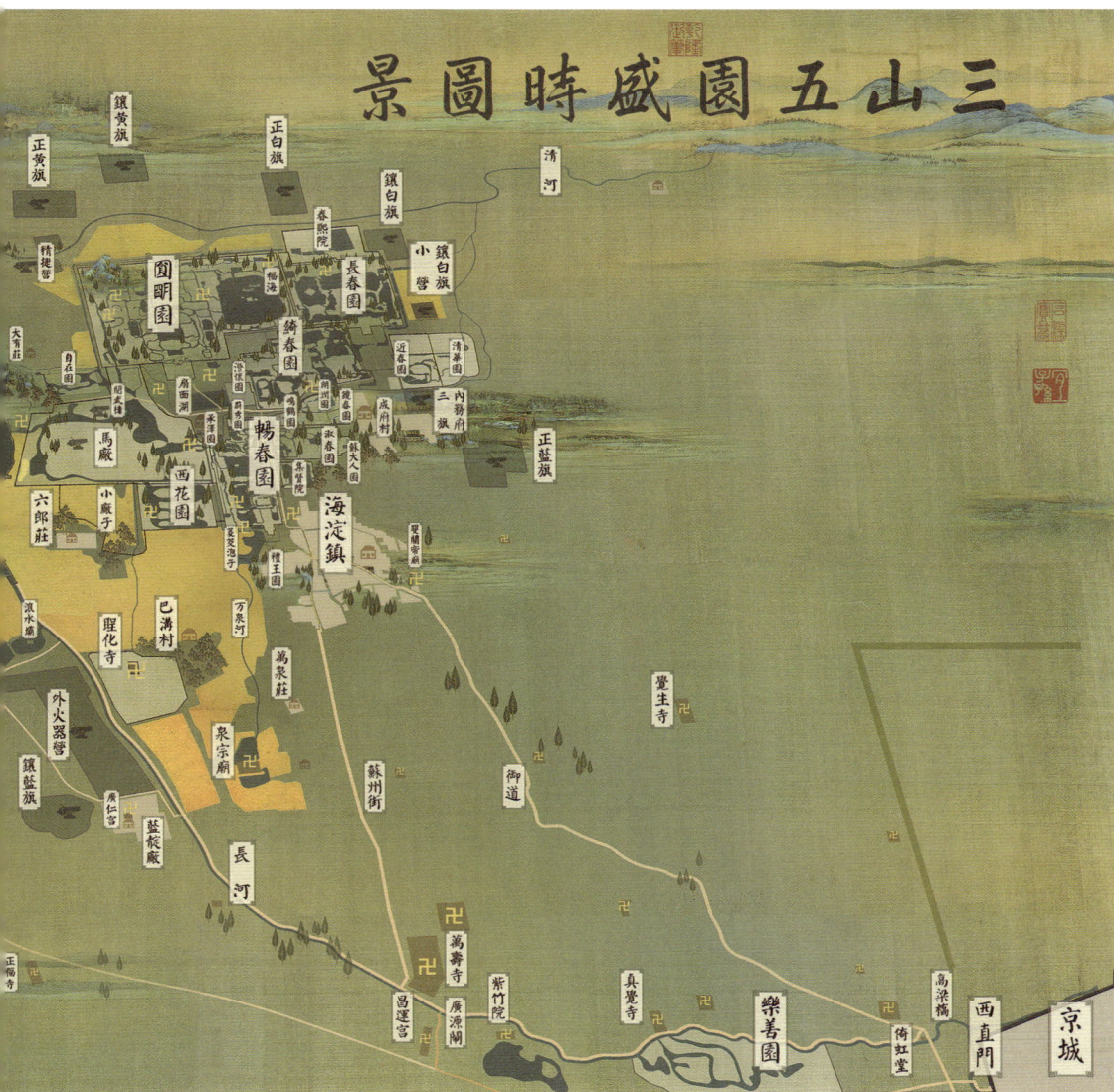

图1-2 仿青绿山水图轴《三山五园盛时图景》

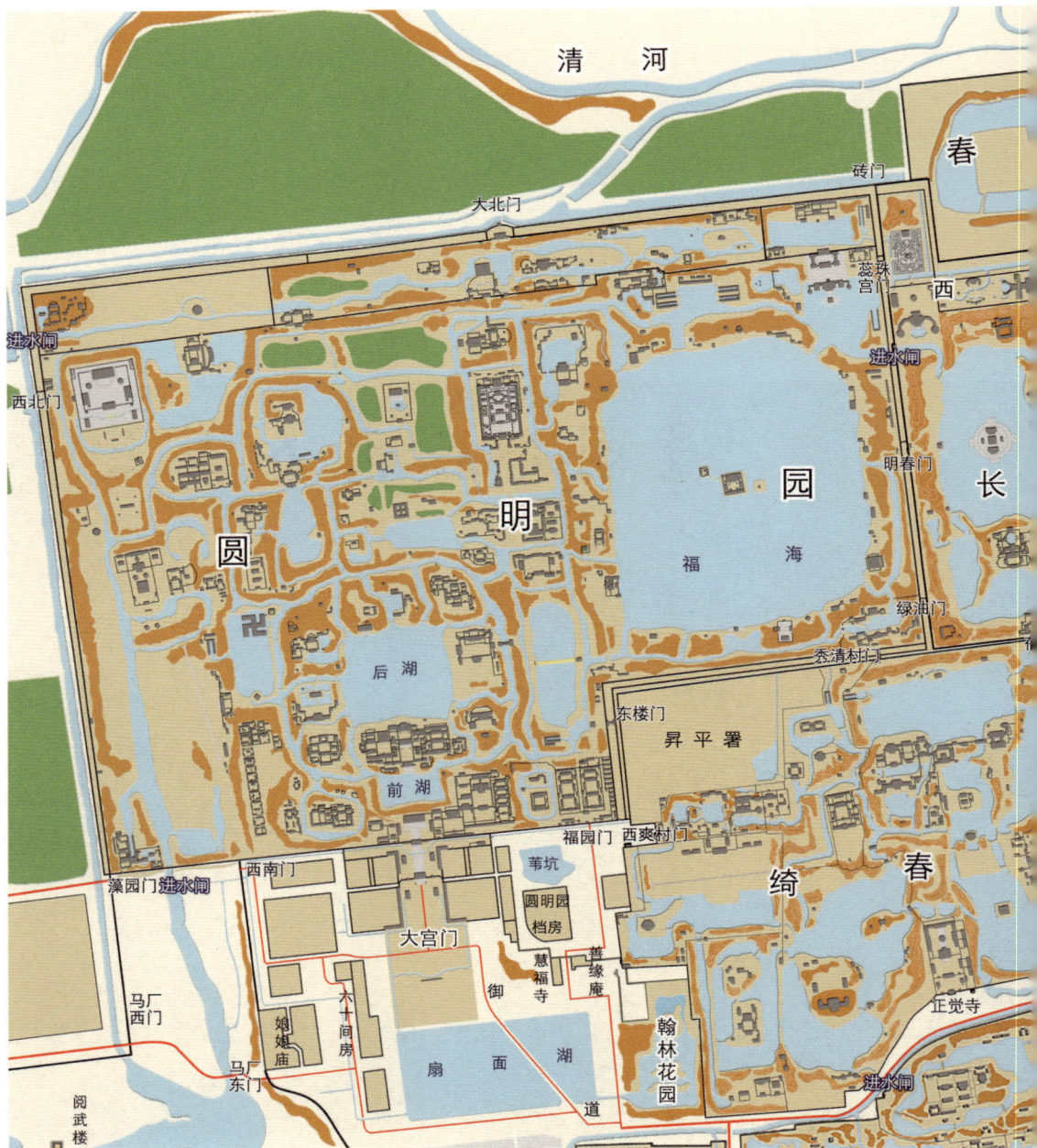

2 中国历史上比较著名的离宫包括唐代九成宫、华清宫，清代避暑山庄等。

并不夸张（图1-3），这种布局的形成可以追溯到康熙时期的园林营建理念。

从功能上，圆明园被首任主人雍正帝定义为"与宫中无异"的"御园"，是离宫的范畴[2]，乾隆帝在《御制万寿山清漪园记》中清晰

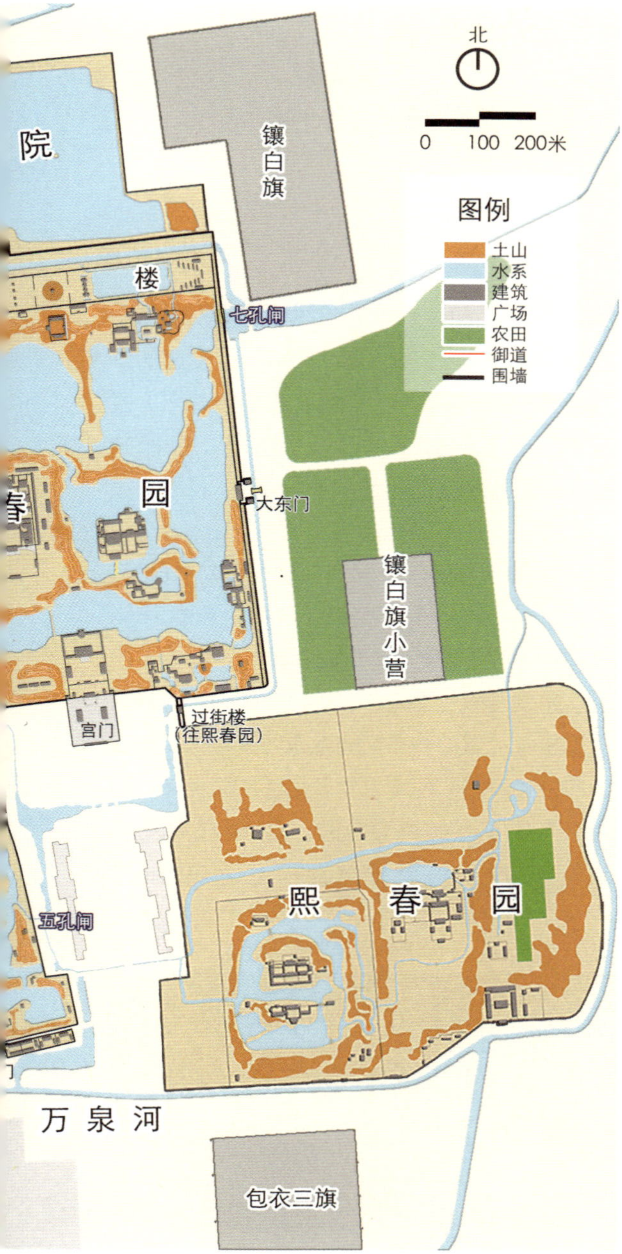

北
0 100 200米
图例
土山
水系
建筑
广场
农田
御道
围墙
院
楼
园
春
镶白旗
七孔闸
大东门
镶白旗小营
宫门
过街楼
(往熙春园)
五孔闸
熙 春 园
万 泉 河
包衣三旗

图 1-3 圆明五园复原平面图

阐述：“畅春以奉东朝，圆明以恒莅政，清漪静明一水可通，以为敕几清暇散志澄怀之所”，大意是畅春园是奉养皇太后的园林，圆明园是长期居住理政的园林，而一水可通的万寿山·清漪园与玉泉山·静明园是政务之余放松身心的园林。乾隆帝还在另一篇文章《御制静宜园记》中明确表达了“盖山水之乐不能忘于怀”的个人喜好，只是用“而左右侍御者之挥雨汗而冒风尘亦可廑[3]也”，为自己找了个借口来扩建祖父的香山行宫。

为此，我们不妨结合这些园林在《御制万寿山清漪园记》出现的顺序，解读它们的功能定位：首座离宫——畅春园虽在雍正时期闲置了十几年，但在乾隆时期被赋予了奉养太后的新职能，体现出孝治天下的理念。圆明园是雍正帝创建的新基业，功能相当于“园林中的紫禁城”，皇家应该世世代代地将它利用好、传承好。西侧略偏远的“三山”，自然风景优美，承担着重要的宗教祭祀功能，但毕竟属于行宫，级别相对略低。

“谕吏部、兵部：朕在圆明园与在宫中无异，凡应办之事照常办理，尔等应奏者不可迟误，若无应奏事件，在衙门办事，不必到此。”

——雍正三年（1725）《谕在圆明园照常办理应办之事》

“松篁籁静青含润，豁壑云生翠欲沉。鱼唼花红浮水面，蜗盘藓绿匝阶心。”

——乾隆七年（1742）《夏日御园闲咏》（其一）

[3] 音qín，指殷切挂念。

第二讲 圆明园的起源

在这一讲中你将了解到

圆明园诞生于怎样的历史背景？

圆明园有哪些独特的立地条件？

提到海淀镇附近的园林群，明朝中后叶的勺园和清华园最为知名，它们分别由米芾后裔米万钟（1570—1631）和武清侯李伟（1510—1583）创建。两园一东一西，一小一大，在造园技艺上各有千秋。名臣叶向高（1559—1627）曾评价"李园[1]壮丽，米园[2]曲折；米园不俗，李园不酸"，只是它们在朝代更替之际有所衰败（图1-4）。

自康熙二十六年（1687）皇帝开启在畅春园"居园理政"的生活后，海淀镇逐渐成了首都郊外的一个崭新的政治中心。在之后的36年间，皇帝在畅春园的居住时间少则一个月，多则累积半年以上[3]。上朝官员、外国传教士和使臣、皇室贵族、文人、士兵、商贾等在以畅春园为核心的海淀云集，呈现出一片繁荣景象。畅春园同时带动了皇室成员及近臣的园林兴建，包括畅春园以西专供皇子居住的园林——西花园、皇兄裕亲王福全（1653—1703）的莺辉园、索额图（1636—1703）的索戚畹园、明珠（1635—1708）的自怡园、国丈兼国舅佟

[1] "李园"是指李伟的清华园。

[2] "米园"是指米万钟的勺园。

[3] 崔山：《康熙园林活动考》，中国林业出版社，2016，第133页。

图1-4（明）吴彬 绘·《勺园祓禊图》局部（北京大学图书馆藏）

国维（1643—1719）的佟氏园等。

　　文献中有不少关于皇子赐园建设历程的记载，圆明园就包括在内。康熙四十六年（1707）正月，三阿哥胤祉、四阿哥胤禛、五阿哥胤祺、七阿哥胤祐、八阿哥胤禩、九阿哥胤禟和十阿哥胤䄉联名上书康熙帝，希望能在畅春园附近建房，他们得到的回复是"畅春园北新建花园以东空地，赏与尔等建房"。

　　三月，胤祉再次上书，大意是七人在此建房比较拥挤，仅有四、八、九、十阿哥四位皇子选在此建房，他自己再去另寻房址——这正是目前判断圆明园始建时间的一个重要依据。后来，他买到了"水磨村东南、明珠子奎芳家临近空地一块"并建成了一座私园——即后来的熙春园。

　　从这段记载可推断出，七人中年纪最小的十阿哥已经24岁，年纪最大的三阿哥则是30岁[4]，都住在西花园里可能会有较多不便，于是有皇子寻求独立的生活空间。康熙时期，第一次皇子分府是在康熙三十八年（1699）[5]，已成年的皇子需从紫禁城迁到宫外的府中，雍和宫曾是四阿哥胤禛的宅邸；此外，皇子们在避暑山庄周围也会得到分府。

　　大阿哥胤禔和皇太子（二阿哥）胤礽不在联名上书之列，此时皇太子应居住在西花园之中，而大阿哥可能居住在畅春园西北的好山园[6]。有关其余赐园的记载极少，可能是雍正帝有意地抹除了关于八、九、十阿哥三位政敌的相关记载。但经当代学者推测，九阿哥的彩霞园正是后来的蔚秀园，距离畅春园仅有一步之遥[7]，而胤禛的赐园圆明园距离畅春园北墙足足有1公里左右的距离。这似乎说明了此时的他远离权力中心，在这座朴野的赐园中过着某种意义上的隐逸生活（胤禛的圆明园十二景诗和一些闲章能侧面说明这一点）。据此，我们可以大致推断出康熙时期以畅春园为核心的皇家园林群分布（图1-5）。

　　赐园建好后，皇子们会邀请康熙帝到园中进宴，以增进父子感情。最早一次在圆明园的活动是胤禛在康熙四十六年初冬时（1707年12月4日）邀请康熙帝游园。史料记载："皇四子多罗贝勒胤禛，恭请帝幸其花园进宴。寻，帝赐园额为圆明。"[8]正如胤禛在《御制圆明园记》中回忆到的"园既成，仰荷慈恩，锡以园额曰圆明。朕尝恭逆銮舆，欣承色笑。庆天伦之乐，申爱日之诚。花木林泉，咸增荣宠"。这句话大意是他曾经在园中恭迎父皇的驾幸，欢欣地见到他的笑颜，庆贺天伦之乐，倍加珍惜幸福光阴，连园中的花木林泉仿佛也都获得了恩宠。

4　两人分别生于生于康熙二十二年十月十一日和康熙十六年二月二十日。
5　张宝章：《三山五园新探》，中国人民大学出版社，2014，第105-106页。
6　1991年清淤颐和园昆明湖时，在乐寿堂南约100米、耶律楚材墓西约200米的湖底发现了一处2000平方米左右的建筑遗址，专家据诗文推断为好山园遗址。
7　张宝章：《三山五园新探》，中国人民大学出版社，2014，第732-736页。
8　何瑜：《清代三山五园史事编年（顺治—乾隆）》，中国大百科全书出版社，2014，第98页。

康熙时期部分皇子赐园名称

康熙时期部分皇子	赐园名称
大阿哥胤禔	好山园（疑）
二阿哥胤礽	西花园
三阿哥胤祉	熙春园
四阿哥胤禛	圆明园
五阿哥胤祺	待考
七阿哥胤祐	待考
八阿哥胤禩	待考，畅春园以北
九阿哥胤禟	彩霞园
十阿哥胤䄉	待考，畅春园以北

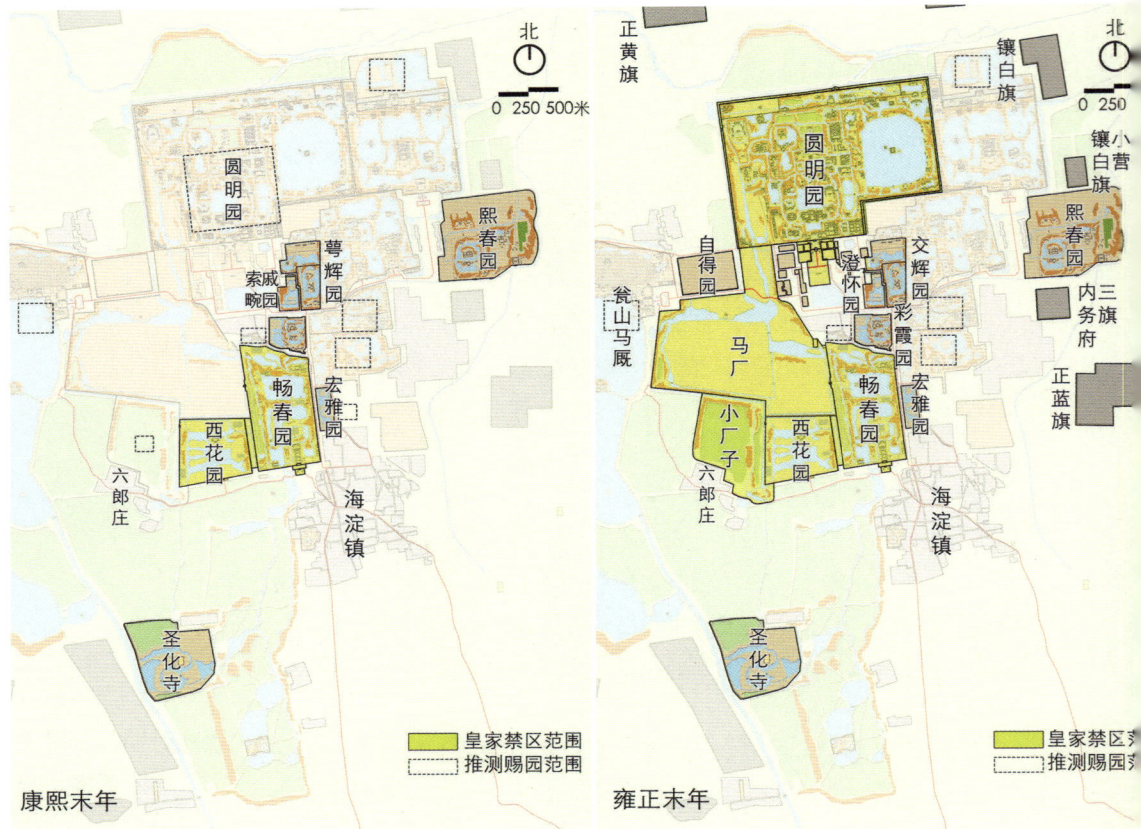

图 1-5 康熙—雍正—乾隆三朝海淀皇家园林群的变迁

雍正帝在《御制圆明园记》中解释"圆明"的含义时，用"君子之时中也"来解释"圆"字。"时中"取自《礼记·中庸》中的"君子之中庸也，君子而时中。小人之中庸也，小人而无忌惮也"，说明"无过与不及"是君子做事的标准。"明"是光辉普照的意思，反映了得道者的睿智。

圆明园正式得名于此时。这块康熙御题的匾额后来被悬挂在九州清晏景区的最南侧殿宇——圆明园殿之上（图1-6），是全园最重要的一块匾额，一直被留存到1860年此殿被焚。从另一个角度推断，仅半年多的时间就能完工并且具备接待皇帝驾幸的条件，说明赐园的建设规模并不大。

皇家园林群在海淀镇附近集中建设，社会原因是政治地位提高导致的用地扩张。新建的赐园几乎都位于畅春园以北、清河以南，并以畅春园为中心呈现"众星捧月"式的分布，或许是等级观念导

9 海淀台地与巴沟低地以海拔50米的等高线为分界。巴沟低地是5000年永定河故道留下的2000～5000米宽的河谷低地。

致它们不会优先于御园来引水；科学原因是它们所处的海淀"巴沟低地"[9]南高北低，万泉河南端的泉水汇集后自南向北再向东流动，汇集到古代被称作"丹棱沜"的湖泊中，这样选址更有利于引水造园（图1-7）。

按照明代著名造园家计成（1582—？）在《园冶》一书中对用地的总结，海淀一带应属于"郊野地"，这里"依乎平冈曲坞，叠陇乔林，水浚通源，桥横跨水"，有绝佳的自然地理条件，可以很方便地改造地形，打造园林景观。同时，这里"去城不数里，而往来可以任意，若为快也"，与城市的距离较近，很符合畅春园和圆明园的选址意图。

除了引水便利，在此造园还可以远借西山层峦之美，使风景超出围墙的界限。正如《园冶》的名句"园虽别内外，得景则无拘远近，晴峦耸秀，绀宇凌空；极目所至，俗则屏之，嘉则收之"说的那样，园林取景

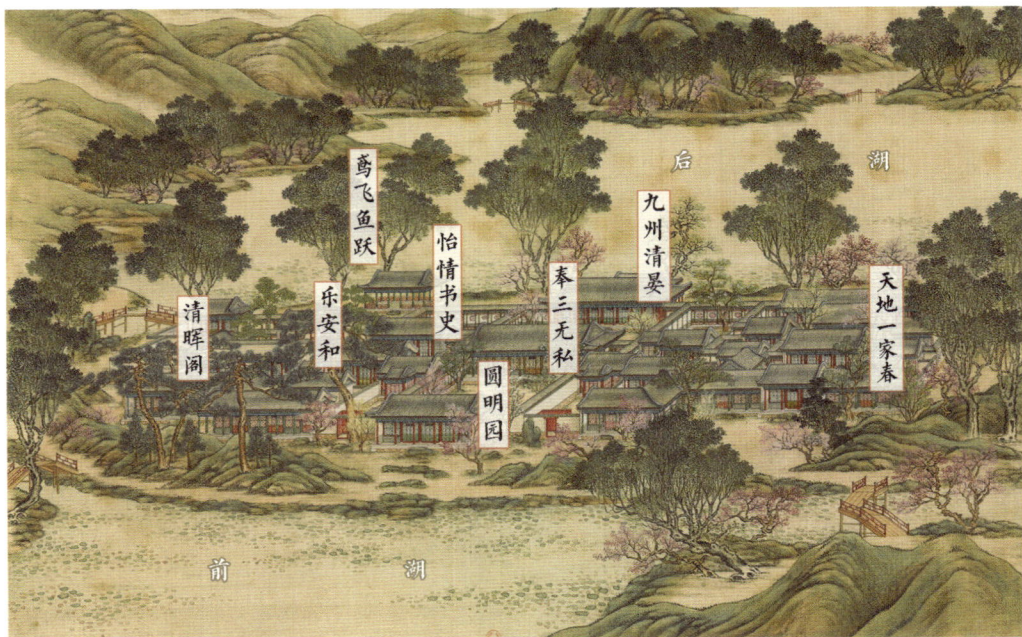

图1-6（清）唐岱、沈源 绘·《圆明园四十景图咏》之《九州清晏》（法国国家图书馆藏，后同）

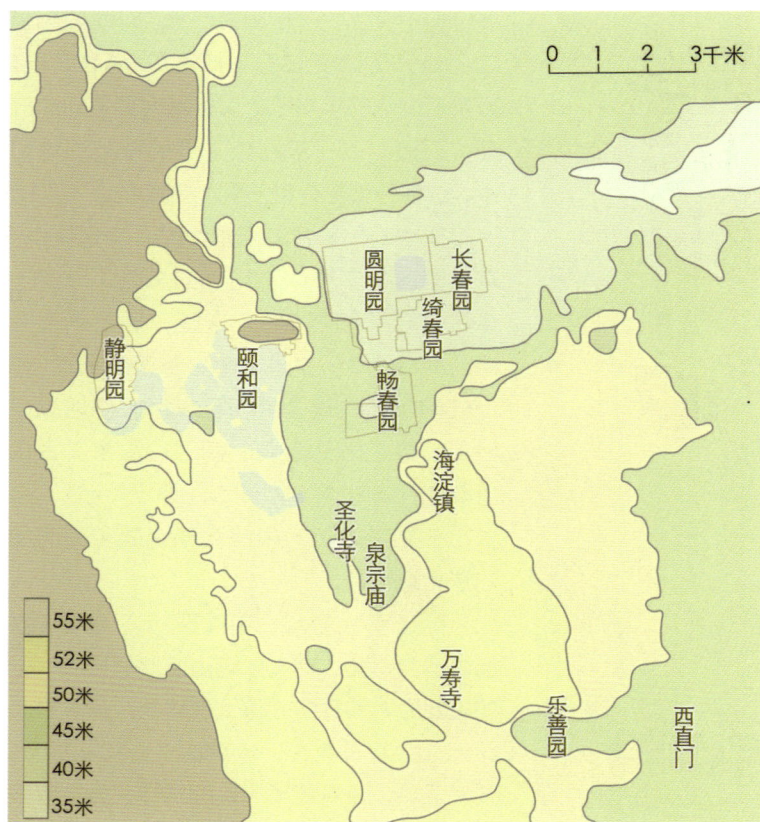

图1-7 古代海淀镇附近地形图（改绘自《北京城的生命印记》）

图1-8 圆明园福海景区远借西山山脉

时不必受到围墙的限制，只要是可见之景，都可以借来为我所用，但若是俗不可耐的景致，就要想办法去遮蔽（图1-8）。不过，即便园林中的人造山脉或水系能够"宛自天开"，但相对于西山的形胜，自然与人工的差异依旧十分明显。总之，这片园林最初的主人们跟随康熙皇帝的脚步，从京城迁往海淀的湿地环境中，并长期定居下来。

　　然而，这样的布局随着雍正、乾隆时期圆明园的扩建发生了相当大的改变。它的规模到19世纪初达到鼎盛，反映出皇家在园林上的巨额投入，以及将这里打造为帝国政治中心的强大意志。

　　雍正初期，圆明园从过去仅以后湖九州 [10] 为主体的小园林转变为四周被扩建到占地207公顷的新御园，其规模已远超占地80多公顷的畅春园，两园之间由广袤的马厂相连。而后，乾隆帝为了新建东侧的长春园，将水磨村迁出，在怡亲王的交辉园旁新建了更多赐园，其中包括傅恒（1722—1770）家族的春和园（此园直到乾隆中期才被合并到绮春园，并交由圆明园管辖）。并入熙春园和春熙院后形成的圆明五园总占地面积达到430公

"至若嘉名之赐以圆明，意旨深远，殊未易窥。尝稽古籍之言，体认圆明之德。夫圆而入神，君子之时中也；明而普照，达人之睿智也。"
——雍正帝《御制圆明园记》

[10] 是指九岛环后湖构成的景区，包括了九州清晏、镂月开云等9个景区，详见第五讲。

顷，不仅与畅春园及周边园林连缀成片，而且其北边界已接近清河，东边界接近万泉河，规模已逼近用地极限（图1-5）。很难想象如果清帝国的财力能一直维持鼎盛状态，"三山五园"的格局会发展成为怎样的局面。

回顾圆明园的兴建，会发现有三个特点值得关注：

第一，圆明园最初是众皇子的赐园之一，其地位和规模随着雍亲王继承大统而发生了本质的"飞跃"，它的扩张几乎达到适宜用地的极限。

第二，圆明园延续了在巴沟低地的"郊野地"中引水造园的思路，并将人工山水园的艺术手法发挥到了极致，最终以大型集锦园的形态呈现。

第三，圆明园在"三山五园"皇家园林群中有着特别的功能定位，无异于一座建在园林之中的紫禁城，宫中的绝大多数活动都可以在园林中正常开展。

图1-9（清）姜溥 绘《巡行纪程诗画册》之《圆明园》（北京故宫博物院藏）

第三讲　圆明园对畅春园的继承

在这一讲中你将了解到

雍正帝建造圆明园遵循了哪三条宗旨？

圆明园有哪些景名的立意与畅春园相似？

如今，畅春园几乎彻底淡出了人们的视野，但它在圆明园下一任的继承者乾隆帝看来至关重要。乾隆帝的诗句给我们留下了大量解读圆明园的线索。翻开现流散于法国国家图书馆的《圆明园四十景图咏》册页，首开乾隆帝御制《正大光明》诗开篇就写道："胜地同灵囿，遗规继畅春。当年成不日，奕代永居辰。"（图1-10）"胜地"显然是指圆明园，乾隆帝赞美它如同周文王的灵囿一样汇集了世间精华；下半句则表明建造圆明园遵从的"遗规"正是继承自畅春园。

三条建园宗旨

既然是"规"，说明它有着规制一般的重要性。说到这里，雍正帝为建造圆明园撰写的一份"自白书"——《御制圆明园记》中反复提到的"法皇考"就不难理解了。"法"即效法，"皇考"即先皇康熙帝。"法皇考之节俭""法皇考之勤劳""法皇考之亲贤礼下，对时育物也"，以强

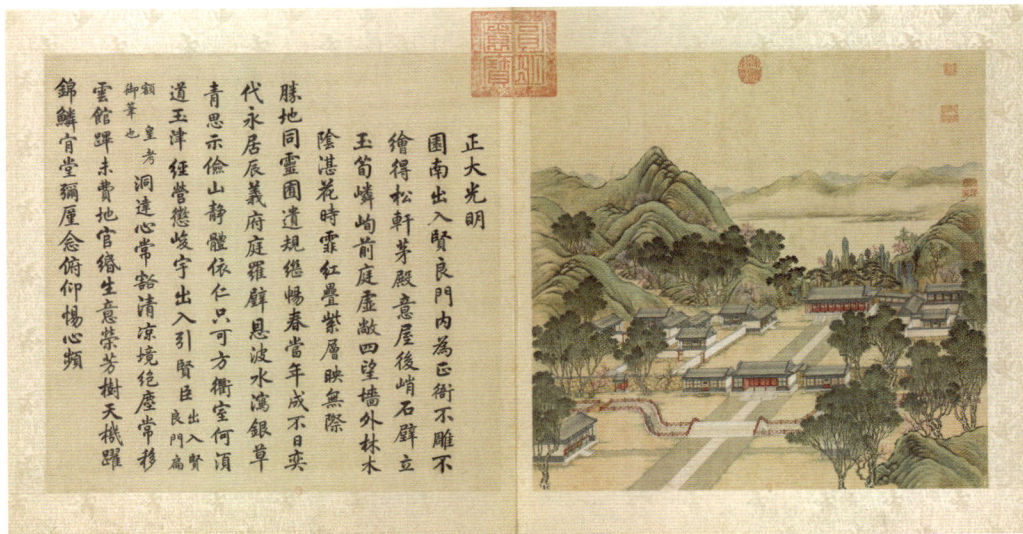

图1-10（清）唐岱、沈源 绘·《圆明园四十景图咏》之首开《正大光明》

关于畅春园的复原研究

学界对畅春园的研究主要包括文史研究和复原研究两类，前者侧重于文献梳理和史学分析，包括畅春园的价值、功能、事件、人物等；后者侧重于对历史风貌的考证和对设计建造理论的研究。笔者通过广泛搜集图档文献，在汪菊渊、周维权等前辈的基础上尝试对畅春园的布局、植物和文化开展细致的梳理与复原研究。判定畅春园总面积为52.03公顷，西花园总面积为32.80公顷，算上两园之间的夹道，畅春二园的总面积约为86.77公顷，并初步还原了19处景区中近200座房屋的布局（图1-11）。

畅春园 1-大宫门	9-瑞景轩	17-船坞	25-府君庙	33-蕊珠院	**西花园** 1-宫门	9-讨源书屋
2-九经三事殿	10-莺飞鱼跃亭	18-无逸斋	26-疏峰	34-大西门	2-南所	10-大北门
3-春晖堂	11-澹宁居	19-莲花岩	27-太朴	35-西北延楼	3-中所	
4-寿萱春永殿	12-苍然亭	20-关帝庙	28-清溪书屋	（雅玩斋等）	4-东所	
5-嘉荫	13-龙王庙	21-娘娘殿	29-恩佑寺	36-铁门	5-西所	
6-积芳亭	14-买卖街	22-凝春堂	30-恩慕寺	37-五孔闸	6-龙王庙	
7-云涯馆	15-玩芳斋	23-回芳堤	31-观澜榭	38-中和乐他他房	7-承露轩	
8-玉涧金流坊	16-韵松轩	24-渊鉴斋	32-集凤轩		8-西南门	

图1-11　畅春园与西花园复原布局图（乾隆四十二年，1777）

调自己对先皇治国思想和居园理政传统的继承，总结起来就是"凡兹起居之有节，悉由圣范之昭垂。随地恪遵，罔敢越轶"，大意是凡是他起居的规律节制之处，都是源自圣人的感召与示范。因此任何地方都要严格遵照，不敢半点逾越。

首先，法节俭。畅春园依托明朝废园而建并缩小规模，即是一种节俭的体现。在疏浚河湖与塑造地形的过程中，遵循"依高为阜[1]，即卑成池"（在高处堆山，在低处挖湖）的原则，同样可以节约很多人工。雍正帝在《御制圆明园记》中也谈到了山水营造的原则"因高就深，傍山依水，相度地宜，构结亭榭，取天然之趣，省工役之烦"。

"其采橡桶柱素甍版扉，不斵不枅，不施丹腹"[2]，是说要减少宫殿建筑的繁复度和色彩上的装饰，也体现出古代"卑宫室，而尽力乎沟洫"[3]的至高追求。康熙帝在营建畅春园时依循"永惟俭德，捐泰去雕"的理念，园墙为朴素的石料砌筑，房屋低矮而不施彩绘（图1-12）。当时到访的朝鲜人惊叹道："且观其门与墙，制度朴野，无异村庄"[4]，传教士白晋（Joachim Bouvet）也曾评价道："里面除了他命人开凿的两个大水池和几条河道外，再也没有什么使人感到与一个既富有又强盛的君主所应有的豪华气派相称的东西了。"圆明园中绝大多数的建筑体量较小于皇宫，在造型、色彩及材质等方面，规格都低了不少。

其次，法勤政。"昼接臣僚，宵披章奏，校文于墀[5]，观射于圃，燕闲斋肃，动作有恒"，这是说在御园中接见臣工、批阅奏章和视察军事演习，无论是休闲还是斋戒，行动都要持之以恒。从康熙帝在畅春园的《起居注》[6]中不难看出，园内的澹宁居、含淳堂、万树红霞

1 音fǔ，泛指土山。引自康熙帝《御制畅春园记》。
2 甍，音pì，指砖；斵，音zhuó，雕饰；枅，音jī，指支撑梁的方木；腹，音huò，泛指彩画。
3 引自《论语 泰伯》。参见王贵祥《卑宫室、人伦至善与建筑的形而上》一文。
4 阚红柳：《畅春园研究》，首都师范大学出版社，2015，第96页。
5 音chí，指殿堂上经过涂饰的地面。
6 阚红柳：《清代畅春园史料史料初编》，北京联合出版有限公司，2020。

图1-12 康熙帝六十大寿时的畅春园宫门（引自《万寿盛典初集》，美国国会图书馆藏）

7《宸垣识略》中包含《王鸿绪赐游畅春园恭纪》《蔡升元赐游畅春园恭纪》《胡会恩畅春园侍宴恭纪》等诗篇。
8 据高士奇《蓬山密记》："因命内侍引臣登舟至清溪书屋，观树上樱桃，即令摘而食之。"
9 引自乾隆帝《田字房记》。
10 皇帝接见大臣时需由官员引领，故称"引见"。
11 康熙五十二年（1713）《起居注》记载："兵部尚书殷特布等进奏武举金鲲等九十六人，分为十班，试其步射、挽劲弓、舞大刀、掇石。上将金鲲等逐一详阅，记其优者。"

等景区是他进行日常政务活动的地点。圆明园中的办公地点集中在园南端，便于政务活动的开展，而从雍正帝工作的记录来看，他也确实是个勤恳的皇帝。

最后，法亲贤。"偶召诸王大臣从容游赏，济以舟楫，饷以果蔬，一体宣情，抒写畅洽，仰观俯察，游泳适宜，万象毕呈，心神怡旷"，这是指在园林里雅集，包括君臣在园中泛舟游览、一同品尝园中果蔬以及创作诗文等活动，目的是增强情感交流。事实上在康熙时期，曾有多位大臣被赐游畅春园，并留下了文字记载[7]，说明君臣关系比较和谐。最知名者，当属《金鳌退食笔记》的作者高士奇（1645—1703），他在日记中详细记录了皇帝赐他泛舟游园并品尝园中樱桃的一段佳话[8]。而根据尚为皇子的弘历的见证，父亲雍正帝在圆明园"澹泊宁静"的"田字房"也曾"时引儒臣坐而论道，或率诸王公子弟修家人之礼，讲燕好之欢"[9]。

圆明园继承畅春园的具体体现

如果说前面确定了三个纲领性的建造理念，那么畅春园与圆明园还有哪些更为具体的关联？康熙时期的畅春园主要承载了礼制仪典、听政办公、皇室寝居、宗教祭祀、演耕观稼、骑射演武和文化教育7个核心功能，这为之后雍正帝布局圆明园提供了借鉴，概括来讲主要有三点：

第一，遵循"前朝后寝"的宫苑规制，但可以有所变通。虽然仪典活动仍在外朝大殿举行，但紧靠东南小门的澹宁居更便于引见[10]大臣；同时，帝后寝宫并非要严格选在轴线的建筑群中，在园中可以有分散的多处。

第二，格外重视皇子养育。畅春园西南专设有皇子读书处无逸斋，皇子则生活在西侧的西花园，这样安排既考虑到交通上的便利，也体现出皇帝对皇子的高度重视。尽管畅春园内空间紧张，仍能开辟较为独立且环境优雅的生活空间，体现出一位父亲的细致考虑。

第三，塑造以文、武、农为主题的空间。相较于内廷殿宇，令人身心舒畅的园林山水环境更有利于开展上述活动：在清幽雅致的环境中安排文臣编纂书籍，在开阔地带检阅军队[11]或接见使臣，在引水便利的试验田中视察农作物的生长（关于圆明园的功能布局，详见本书的"居园篇"和"理政篇"）。

古人造园历来重视为景点题名，圆明园早期"十二景"的内涵比较单调，没有太多文学色彩，像牡丹台、金鱼池、竹子院、桃花坞、

"辰时，帝御勤政殿听政。"（即早7时）
——雍正三年十月十二日《起居注》

"卯时，帝御勤政殿听政。"（即早5时）
——雍正五年三月廿二日《起居注》

"寅时，帝御勤政殿听政。"（即早3时）
——雍正六年六月初一日《起居注》

深柳读书堂、菜圃、葡萄院多是单纯咏物。畅春园的94方匾额中（康熙帝至少题写了其中的47方），按照主题可以分类为状物点景、修身养德、宗教祭祀、祈福祝寿、勤政亲贤和求仙问道。另外，对比畅春园与《帝京景物略》中记载的明代清华园的景名，会发现"挹海堂""清雅亭""花聚亭"等早期的景名并未被康熙帝沿用。

随着圆明园由一座私人园林"升级"为皇家御园，雍正帝必然要为其中的景点更名或命名新景点，例如将君主比作天、地、日月一样大公无私的"奉三无私"，其命名方式与畅春园的"九经三事殿"[12]十分相似，乾隆帝继位以后题点的"圆明园四十景"，在景点立意上也承袭了畅春园的思路（表1-1）。

12 "九经"出自《礼记 中庸》的治国之法，即"修身也，尊贤也，亲亲也，敬大臣也，体群臣也，子庶民也，来百工也，柔远人也，怀诸侯也"，"三事"则出自《尚书 大禹谟》的三条原则，即正德、利民与厚生。

表1-1　畅春园与圆明园部分立意相似的景名

造景立意	畅春园景点	圆明园景点
治世思想	九经三事殿	奉三无私殿、正大光明殿、廓然大公
春之向往	畅春园、鸢飞鱼跃亭	天地一家春、永春亭、茂育斋、鱼跃鸢飞
稽古右文	渊鉴斋、佩文斋、藻思楼	茹古涵今、藻园
修身养德	乐善堂、澹宁居	乐善堂、澹泊宁静
祖先护佑	恩佑寺、恩慕寺	鸿慈永祜（安佑宫）
求贤若渴	集凤轩	碧桐书院、汇芳书院
求仙问道	蕊珠院	蕊珠宫
状物点景	（山水）云涯馆、观澜榭、天光云影、疏峰、延爽楼；（植物）玩芳斋、观莲所、韵松轩	（山水）上下天光、云锦墅、水云居、西峰秀色、眺爽楼；（植物）秀木佳荫、芰荷香、松风阁

总体来看，作为曾长期生活在园中的皇子之一，雍正帝必然会深深地受到畅春园营建理念、景致特征及文化内涵的浸染；与此同时，他也熟知畅春园用地狭窄，在山水、建筑的营造上受到用地及经费的限制，手法比较简单等问题。有充足的理由证明，圆明园在很多方面都借鉴了畅春园的建园经验。

第四讲　圆明园的"四十景"

在这一讲中你将了解到

"圆明园四十景"体现了怎样的思想境界？

"圆明园四十景"是否囊括了全园的所有景点？

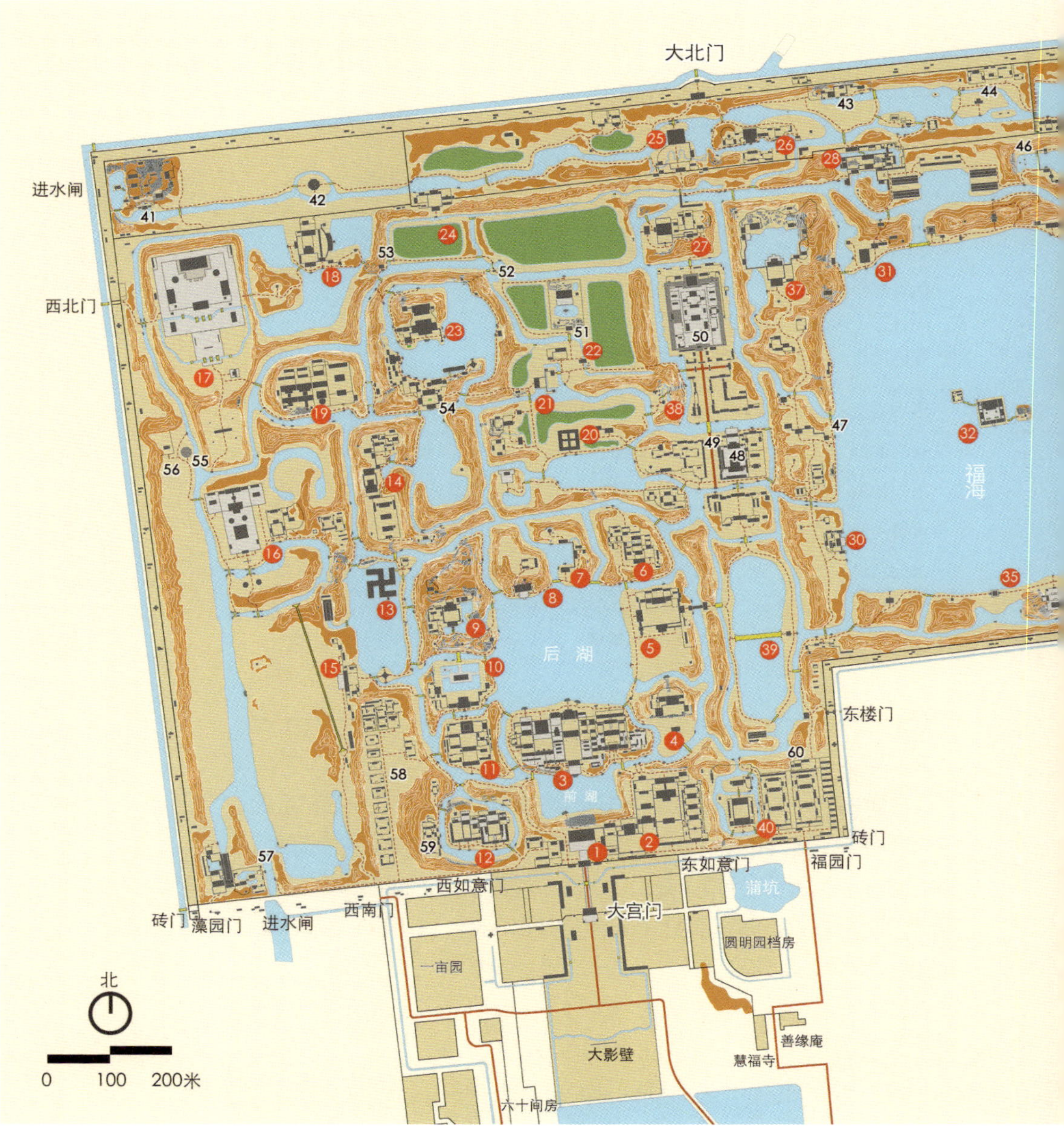

图1-13　圆明园主园复原平面图（咸丰时期）

在"三山五园"中，较早得到正式命名的景群体系正是"圆明园四十景"，随后又诞生了"静宜园二十八景""静明园十六景""绮春园三十景"。此外，园内的园中之园还有很多小景群，如"廓然大公八景""安澜园八景""狮子林十六景""蒨园八景"等，可谓大景套小景、小景套微景。景群设计大多数都是出自乾隆帝之手。如果把圆明园比作一本小说，那么每一景就像是小说中的一回。

根据《钦定日下旧闻考》的记载："圆明园四十景中，世宗御题四字额者凡十有四，正大光明殿其一也。余如牡丹台今为镂月开云，蓬莱洲今为蓬岛瑶台，乃乾隆九年皇上恭依避暑山庄三十六景四字题额之例，更赐嘉名，用昭画一。"乾隆帝按照避暑山庄的体例，为"四十景"中的26处景区更名或新拟，全部统一为四字景名（图1-13，表1-2）。

在这26处新建或更改名称的景点中，乾隆帝用极富文学色彩或者体现儒释道思想的词语取代了部分通俗直白的名称。例如，用"坦坦荡荡"取代了"金鱼池"，"日天琳宇"取代了"佛楼"，"别有洞天"取代了"秀清村"；也对一些分布零散但主题相近的景区进行了归纳概括，如"武陵春色"包含了桃花坞、壶中天，"廓然大公"包含了"深柳读书堂""双鹤斋"等，彰显了圆明园的文化魅力。这也使圆明园在国民心目中、甚至是在国际上的面貌焕然一新，在某种程度上强化了御园离宫的重要性。

单从词意上来看，"四十景"的名称大体可被划分为治世、神佛和自然三种境界，分别代表入世（儒家）、成仙（佛教和道教）以及寄情山水（如果考虑景区内各建筑的题名及御制诗中的哲思，会发现思想内涵十分丰富）。在第二种境界中，佛教和道教信仰有时会在同一景区并存（如慈云普护同时供奉有观世音菩萨和龙王）。第三种境界的命名往往会带有一些出世的归隐色彩（如武陵春色、濂溪乐处等）（表1-3）。

每一境界又可根据思想内涵细分为多个小主题，例如，治世境界可以细分为勤政治国、天下一统、崇祖孝亲、修身养德和关切农桑五个方面。从数量上看，入世

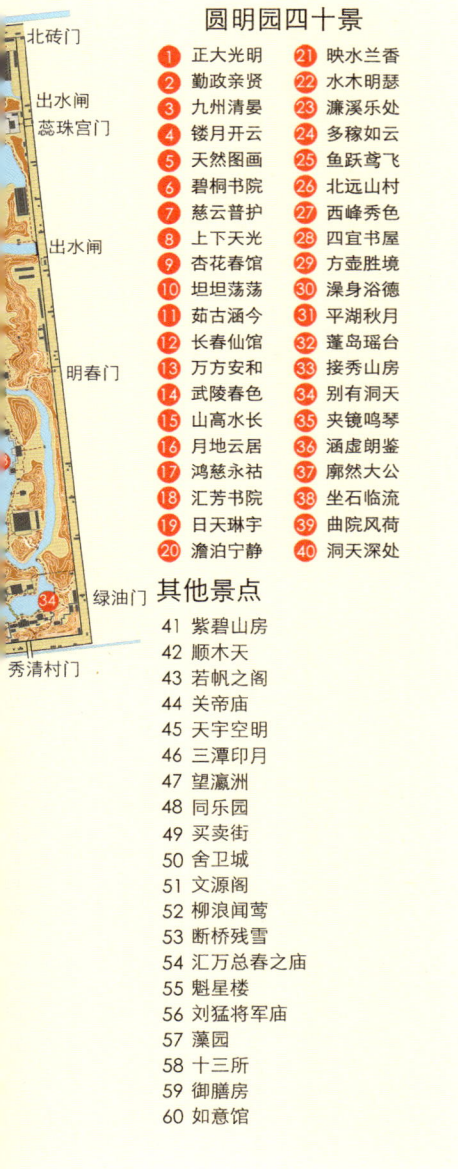

圆明园四十景

① 正大光明		㉑ 映水兰香
② 勤政亲贤		㉒ 水木明瑟
③ 九州清晏		㉓ 濂溪乐处
④ 镂月开云		㉔ 多稼如云
⑤ 天然图画		㉕ 鱼跃鸢飞
⑥ 碧桐书院		㉖ 北远山村
⑦ 慈云普护		㉗ 西峰秀色
⑧ 上下天光		㉘ 四宜书屋
⑨ 杏花春馆		㉙ 方壶胜境
⑩ 坦坦荡荡		㉚ 澡身浴德
⑪ 茹古涵今		㉛ 平湖秋月
⑫ 长春仙馆		㉜ 蓬岛瑶台
⑬ 万方安和		㉝ 接秀山房
⑭ 武陵春色		㉞ 别有洞天
⑮ 山高水长		㉟ 夹镜鸣琴
⑯ 月地云居		㊱ 涵虚朗鉴
⑰ 鸿慈永祜		㊲ 廓然大公
⑱ 汇芳书院		㊳ 坐石临流
⑲ 日天琳宇		㊴ 曲院风荷
⑳ 澹泊宁静		㊵ 洞天深处

其他景点

41 紫碧山房
42 顺木天
43 若帆之阁
44 关帝庙
45 天宇空明
46 三潭印月
47 望瀛洲
48 同乐园
49 买卖街
50 舍卫城
51 文源阁
52 柳浪闻莺
53 断桥残雪
54 汇万总春之庙
55 魁星楼
56 刘猛将军庙
57 藻园
58 十三所
59 御膳房
60 如意馆

北砖门
出水闸
蕊珠宫门
出水闸
明春门
绿油门
秀清村门

表 1-2　康熙、雍正及乾隆三个时期的圆明园景点对照表

编号	康熙	雍正	乾隆	编号	康熙	雍正	乾隆
1	—	正大光明殿	正大光明	21		多稼轩	映水兰香
2		勤政殿	勤政亲贤	22	耕织轩	耕织轩	水木明瑟
3	—	九州清晏	九州清晏	23	—	香雪廊等	濂溪乐处
4	牡丹台	牡丹台	镂月开云	24	—	观稼轩	多稼如云
5	竹子院	天然图画	天然图画	25		鱼跃鸢飞	鱼跃鸢飞
6	梧桐院	碧桐书院	碧桐书院	26		北苑山房	北远山村
7	涧阁	慈云普护	慈云普护	27		西峰秀色	西峰秀色
8	—	平安院	上下天光	28		四宜书屋	四宜书屋
9	菜圃	杏花春馆	杏花春馆	29			方壶胜境
10	金鱼池	金鱼池	坦坦荡荡	30		溪月松风	澡身浴德
11	—	—	茹古涵今	31		平湖秋月	平湖秋月
12	莲花池	莲花馆	长春仙馆	32		蓬莱洲	蓬岛瑶台
13		万方安和	万方安和	33		接秀山房	接秀山房
14	桃花坞、壶中天	桃花坞、壶中天	武陵春色	34		秀清村	别有洞天
15		引见楼	山高水长	35		湖山在望等	夹镜鸣琴
16		乐志山庄	月地云居	36			涵虚朗鉴
17			鸿慈永祜	37	深柳读书堂	深柳读书堂	廓然大公
18			汇芳书院	38		流杯亭、同乐园	坐石临流
19		佛楼	日天琳宇	39			曲院风荷
20		田字房	澹泊宁静	40		皇子四所	洞天深处

和寄情山水的两类数量相当，成为主要主题（相比于畅春园，治世境界得到了较多补充）；神佛境界较少，仅占五分之一，由此可以看出帝王在圆明园主题策划上的侧重。

表 1-3　圆明园四十景名称的内涵划分

大类别	小主题	四十景名称	数量统计
治世境界	勤政治国	正大光明、勤政亲贤、坦坦荡荡、廓然大公	16
	天下一统	九州清晏、万方安和、山高水长	
	崇祖孝亲	镂月开云、鸿慈永祜	
	渴求贤才	碧桐书院、汇芳书院	
	修身养德	茹古涵今、澡身浴德	
	关切农桑	澹泊宁静、映水兰香、多稼如云	
神佛境界	佛教极乐世界	慈云普护、月地云居、日天琳宇	8
	道教神仙境界	长春仙馆、洞天深处、方壶胜境、蓬岛瑶台、别有洞天	
自然境界	自然山水	天然图画、上下天光、水木明瑟、西峰秀色、四宜书屋、平湖秋月、接秀山房、夹镜鸣琴、涵虚朗鉴、曲院风荷	16
	田园风光	杏花春馆、武陵春色、濂溪乐处、鱼跃鸢飞、北远山村、坐石临流	

从分布上来看，"四十景"的排序总体上由南至北、先中后旁、先西后东（图1-14）。正大光明和勤政亲贤两大外朝景区为前二，九州景区按逆时针依次排三至十一，九州福海景区按照顺时针顺序依次排二十九至三十七（涵虚朗鉴和澡身浴德曾经对调过位置），最后由北至南的三景为坐石临流、曲院风荷和洞天深处，与开头两景相接。总体来看，它们的顺序是比较有逻辑的。

不过，也有部分乾隆九年（1744）已建成的景区未入选"四十景"之列，如紫碧山房、顺木天、十三所（后勤保障的部门）。无论如何，在西北象征"昆仑山"的紫碧山房未入列着实令人有些困惑，或许是因为乾隆帝对它并不感兴趣（后期他对此进行了大规模改建）。另外，乾隆九年之后建成的藻园（乾隆二十三年，1758）、若帆之阁（乾隆二十九年，1764）、文源阁（乾隆四十年，1775）等，也没有列到这一体系之中。

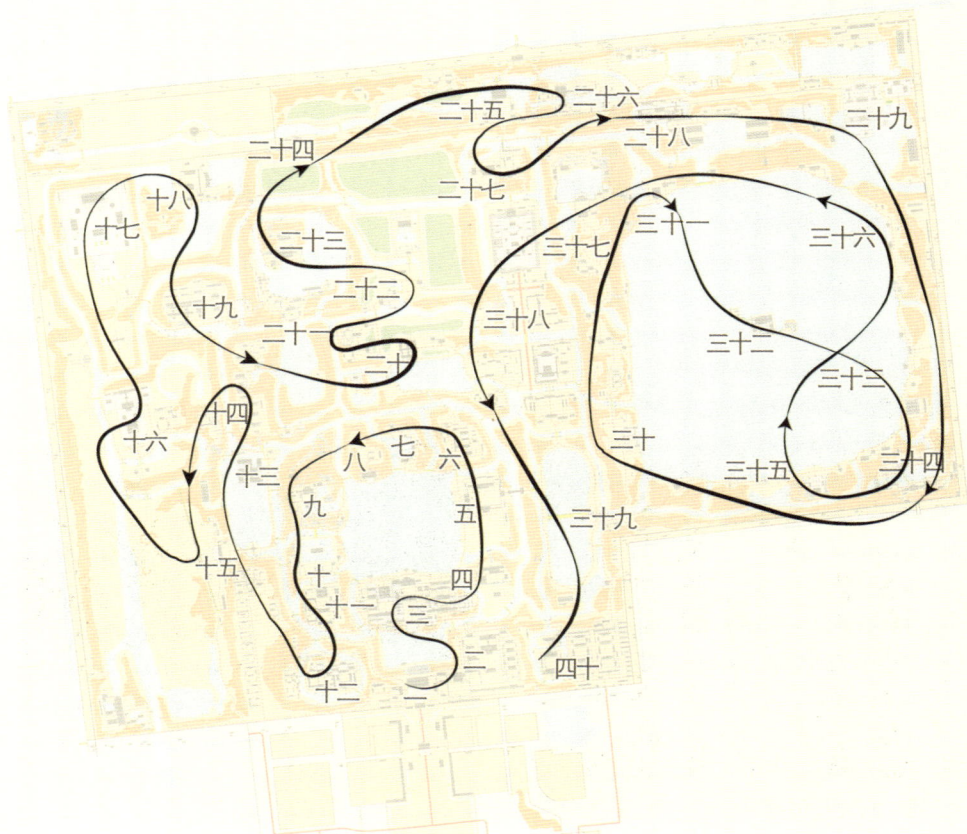

图1-14 圆明园四十景在全园布局中的顺序

经典书画《圆明园四十景图咏》

如果说对"四十景"的题名仅仅是个开端，那么题诗与作画则是更具表现力的形式。乾隆帝为每景逐一赋诗，在诗的正文前作有诗序，读者可以通过它们来了解其方位与渊源。诗的形式为四言、五言或七言，也会套用菩萨蛮、清平乐等词牌名，诗中偶尔夹杂的小字诗注用于补充说明。他还命文臣为自己的诗作注释，形成了另一个流传至今的木刻版本。这些大量引经据典的注释让乾隆帝的御制诗显得文采斐然，也体现了君臣之间的文学互动。

在图像资料中，《圆明园四十景图咏》册页是圆明园宫廷绘画中举足轻重的一套经典杰作，也是学界考证圆明园原始风貌最重要的史料之一，只可惜它并不藏于国内。当初若不是程演生在1928年偶然发现了这套"叹为国工奇迹"的珍贵文物并拍摄照片带回国，我们对于圆明园的认识要推迟多少年！

这套精美绝伦的工笔画册由如意馆画家唐岱[1]与沈源（生卒年不详）合作完成。据档案记载，乾隆三年（1738）"圆明园著沈源起稿画册页一部，沈源画房舍，著唐岱画土山树石"[2]，次年八月廿九日，由"太监毛团交付圆明园绢画四十张"，最终定稿于乾隆九年（1744）。它以鸟瞰视角写实地描绘了40个景点在多个季节的风貌，绘画中山体表现得略有夸张，水系、房屋、植物等均较为写实。到了乾隆十一年（1746），绘画被装入木匣中收藏，次年被陈设在九州清晏景区的奉三无私殿，直到法国军人杜潘上校将其掠夺。

1 唐岱（1673—1752），字毓东，号静岩，满洲正蓝旗人，师法清初"四王"之王原祁，据传被康熙帝誉为"画状元"。
2 中国第一历史档案馆：《清代史料档案——圆明园》，上海古籍出版社，1991，第1251和1273页。

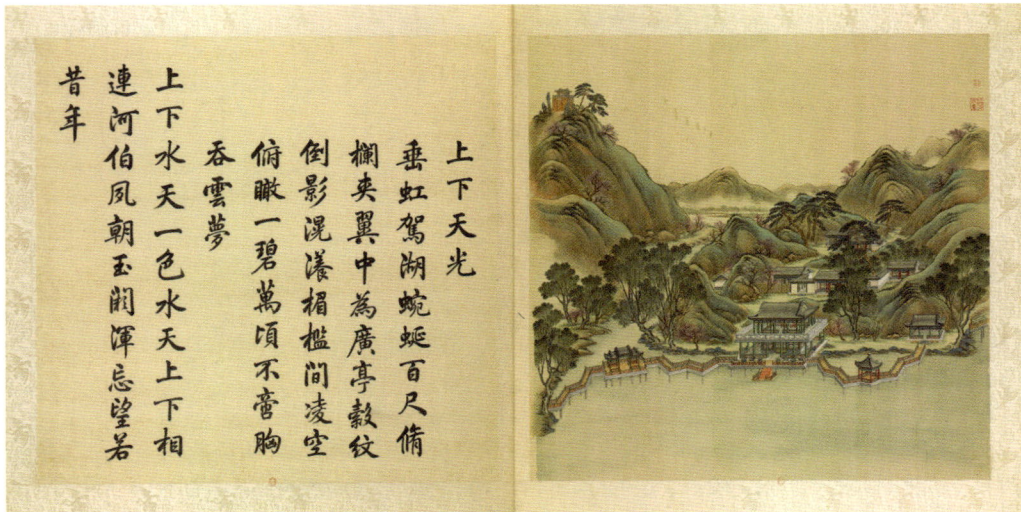

（清）唐岱、沈源 绘·《圆明园四十景图咏》之《上下天光》

上下天光

爱新觉罗·弘历 乾隆九年（1744）

　　垂虹驾湖，蜿蜒百尺。修栏夹翼，中为广亭。縠纹倒影，混漾楣槛间。凌空俯瞰，一碧万顷，不啻胸吞云梦。

上下水天一色[1]，水天上下相连[2]。
河伯夙朝玉阙[3]，浑忘望若昔年[4]。

文臣注释：

[1]柳贯诗："上下天一影。"宗楚客诗："太液天为水。"卢仝诗："水天一色无津涯。"

[2]白居易诗："水天向晚碧沉沉。"班固《西都赋》："烟云相连。"刘长卿诗："洞庭秋水远连天。"

[3]《晏子春秋》："河伯以水为国。"汉武帝《瓠子歌》："河伯许兮薪不属。"韦应物诗："凤驾朝玉京。"薛逢诗："宝马占堤朝阙去。"张衡《天象赋》："辟天床于玉阙。"《水经注》："积石圆南头山高，平地三万六千里，上有金台玉阙，天帝君所治处也。"

[4]《庄子》："秋水时至，百川灌河，经流之大，两涘渚崖之间不辨牛马。于是焉河伯欣然自喜，以天下之美为尽在己。顺流而东至于北海，东面而视，不见水端。于是焉河伯始旋其面目，望洋向若而叹。"庾信《枯树赋》："昔年移柳，依依汉南。"杜甫诗："昔年有狂客。"

1786年法国印制的《圆明园四十景图》铜版画之《蓬岛瑶台》（法国国家图书馆藏）

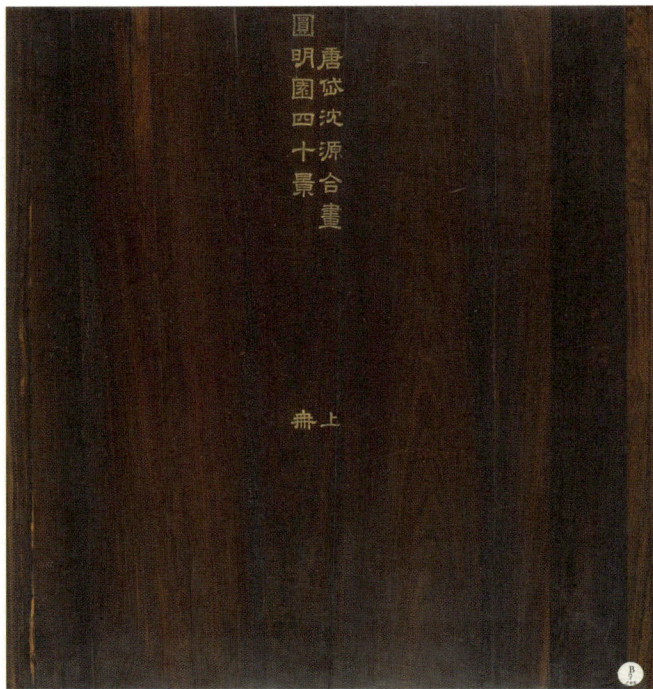

《圆明园四十景图咏》的木匣（法国国家图书馆藏）

3 一种官方常用的标准书法字体，庄重大方。
4 中国第一历史档案馆：《清代史料档案——圆明园》，上海古籍出版社，1991，第1301-1302页。
5 郭黛姮：《远逝的辉煌——圆明园建筑园林研究与保护》，上海科学技术出版社，2009，第278-281页。

　　右开的画面上钤盖有各景的景名章与闲章各一枚，以及"圆明园宝""乾隆御览之宝"等收藏章，闲章的内容和景名章还存在一些立意上的关联。左开并配上文臣汪由敦（1692—1758）以馆阁体[3] 誊写的乾隆帝御制诗。整套画册以雍正帝的《御制圆明园记》作序开头、乾隆帝的《御制圆明园后记》收尾。值得一提的是，在乾隆九年时，早先绘制完成的《鸿慈永祜》《汇芳书院》《月地云居》和《洞天深处》四开绘画曾被替换[4]，说明实际建成效果与预想的效果图是有差别的，这可能是因为设计方案中途被调整过。但需要说明的是，画家毕竟不是专业的设计师，这套绘画并不能保证与真实的景象绝对相符。

　　除了皇帝个人珍藏的绢本界画《圆明园四十景图咏》，目前还存世有白描的木刻版本（沈源与孙祜绘制）、手绘版本（张若霭绘制），以及流落于西方的彩色水粉版、铜版画等[5]，使这座旷世名园的具体形象广为人知。"圆明园四十景"可以看作是清朝鼎盛时多元文化交流融合的一个缩影，既包含汉、满、藏等多民族的建筑形式和文化习俗（以汉文化为主），也有体现儒、释、道三教理念的精神空间，值得深入研究。

正大光明　　勤政亲贤　　九州清晏　　镂月开云　　天然图画

碧桐书院　　慈云普护　　上下天光　　杏花春馆　　坦荡荡荡

茹古涵今　　长春仙馆　　万方安和　　武陵春色　　山高水长

月地云居　　鸿慈永祜　　汇芳书院　　日天琳宇　　澹泊宁静

映水兰香　　水木明瑟　　濂溪乐处　　多稼如云　　鱼跃鸢飞

北远山村　　西峰秀色　　四宜书屋　　方壶胜境　　澡身浴德

平湖秋月　　蓬岛瑶台　　接秀山房　　别有洞天　　夹镜鸣琴

涵虚朗鉴　　廓然大公　　坐石临流　　曲院风荷　　洞天深处

《圆明园四十景图咏》中的景名章

【专题4】

圆明园的世界影响

圆明园在西方世界的声名远扬，起源于法国传教士王致诚（Jean Denis Attiret, 1702—1768）寄给朋友达索先生（d'Assant）的一封信[1]。他自乾隆三年（1738）起在圆明园的如意馆供职，任期长达30年，直至去世。该信的落款为"1743年11月1日于北京"，此时正值乾隆八年（1743），乾隆皇帝已主持完成了圆明园新一轮的改扩建工程，因此信中详细而生动的景象描述与次年完成的《圆明园四十景图咏》都基于同样的景观。

"万园之园"（The Garden of Gardens）的称谓，乃由近代著名外交官唐在复从这篇书信翻译而来[2]，原文载："……神仙宫阙之忽现于奇山异谷间，或岭脊之上，恍惚似之，无怪其园之名圆明园。盖言万园之园，无上之园也。"英文原文补充说明为"The Garden, by way of Eminence"，可大致翻译为"显赫之园"，说明"万园之园"是将圆明园形容为一座世界顶级园林，而非圆明园内有诸多园中之园的意思。这封信传到欧洲之后"于1749年在法国出版，经由他（指王致诚）的介绍，圆明园的声名远播欧洲"[3]。即便没有图像资料传入，"对当时极度缺乏直接相关资讯的欧洲人来说，是一份极具可信度的中国造园资料"。

英国建筑师、中国园林学者钱伯斯（Sir William Chambers）在1772年出版的《东方造园论》（A Dissertation on Oriental Gardening）大段引用此书信内容来描绘中国园林，并评价道"没有任何国家的园林结构物的壮丽和数量曾经与中国相当"。

乾隆五十八年（1793），英国使团来华访问期间曾到访了圆明园，并被授权在有限的范围内游览。使团主计员约翰·巴罗（John Borrow）曾估算圆明园"至少占地12平方英里"[4]，这一尺度换算过来约合3108公顷，远远超出了实际大小，说明匠心独运的自然山水园造成了一种很强的尺度错觉。此外，据同行的乔治·斯当东（George Staunton）的记载，巴罗还评价道"圆明园的风光很引人入胜，它不是东拼西凑的建筑，更像是一处完美的天然风景……中国人喜欢在土地上点缀天然景色，让园子显得更大，气势更雄伟，此种技巧真是无与伦比"，也说明圆明园的建造技艺得到了西方人的高度肯定。当然，这种溢美之词也是因为当时的欧洲人是带着仰慕的情绪来欣赏的。

由于清帝国与东亚、东南亚诸国之间的宗藩关系，很多来华使臣都曾定期前往圆明园参与声势浩大的国家庆典活动，如朝鲜、琉球（今日本冲绳县）、安南（今越南）、暹罗（今泰国）、缅甸、廓尔喀（今尼泊尔）等国。在当时，圆明园和康熙时期的离宫畅春园一样，也是外国洞察清帝国时局的窗口。不过，目前保存于各国的相关史

[1] [法]杜赫德：《耶稣会士中国书简集：中国回忆录Ⅳ》，大象出版社，2001，第287-305页。
[2] 中译文标题为《乾隆西洋画师王致诚述圆明园状况》，刊载于《中国营造学社汇刊》第二卷第一期，后收录于舒牧等编著的《圆明园资料集》第84-92页。英文文标题为 A Letter from A French Missionary in China，由 Sir Harry Beaumont 翻译，刊载于 A Particular Account of the Emperor of China's Gardens Near Pekin，英国伦敦出版。
[3] [英]威廉·钱伯斯：《东方造园论》，台湾联经出版公司，2012，中译导读第37-144页。
[4] [英]乔治·斯当东：《英使谒见乾隆纪实》，商务印书馆，2013，第293页。

（英）托马斯·阿罗姆 绘·圆明园正大光明殿[5]（引自《中华帝国图景》）

料尚未得到充分发掘，从已有的朝鲜使臣在圆明园中所见所闻的记载中不难看出，圆明园的壮丽与奢华震撼人心，引发了他们强烈的崇敬和仰慕之情。

　　朝鲜使臣徐庆淳在《梦经堂日史》中评价海淀一带皇家园林"真是佳丽之地，人造反胜于天作"[6]；赵斗淳在《心庵遗稿》中感叹道："岂有模山兼写水，眼前如许使人惊"；徐浩修等人在乾隆五十五年（1790）被赏赐在阿桂、和珅、福康安等大臣的带领下游览圆明园，在《燕行记》中详细描述了园中风景，并感叹道："真天下壮观……小邦安有如此神巧之制作？今日身到十洲三岛之仙境，是岂平生梦想之所及。"圆明园被毁之后，它在朝鲜人心中留下的美好印象依旧鲜明，朝鲜国王（高宗）对圆明园念念不忘，甚至还惦记着圆明园的重建情况。

　　圆明园自康熙四十六年（1707）[7]始建距今虽然不过三个多世纪，但它是中国园林史上第一座同时被东西方广泛了解的具有杰出艺术成就的皇家园林——它不仅是康雍乾盛世的一个缩影，更是传承千年的中华优秀传统文化的艺术结晶。

[5] 作者系英国著名建筑师，此图是根据相关文字记载和想象绘制的。

[6] 转引自：王元周.《〈燕行录〉中的西山园林——"胡运百年"的双重象征》，《韩国研究论丛》，2014年02期，第119-139页。

[7] 据《钦定日下旧闻考》卷八十，康熙四十八年是官书记载的年份，跟学界公认的1707年相差了2年。

今日宜逛园

圆明园里的日常

第二卷

居园篇

　　长期以来，人们习惯于按照方位将圆明园（主园）划分为"九州""西部""北部"和"福海"四大景区，这种划分方式固然简洁易懂，却忽略了这些景区在功能与设计上的特点。圆明园的整体布局蕴含着很多富有想象力的构思，如根据传统天文地理认知模拟天宫"三垣"、昆仑与蓬莱、"九州说"等。不过，圆明园最终呈现的整体样貌要服务于皇帝处理政务与日常生活，这一指向会影响到设计的方方面面。为了更加深入地解析圆明园，我们可以依据那些记载了宫廷生活的档案[1]将全园划分为8个核心功能区。

圆明园（主园）的核心功能景区一览表

编号	功能分区	承载景区	实际功能
1	礼制仪典区	大宫门区域及正大光明	举办重要国宴、外交活动等仪典、殿试、停灵[2]、校射
2	听政办公区	勤政亲贤	皇帝日常办公、引见大臣、用膳，军机处大臣、翰林及安保人员值班，丧葬用品储存
3	寝居生活区	九州景区、长春仙馆、洞天深处（皇子二所）	皇帝、太后、后妃、皇子及公主居住，仆役及安保人员值班，举办皇家宴会、日常祭祀活动
4	文化教育区	洞天深处（"三天"景区）、如意馆、文源阁	皇子读书、祭孔，宫廷画师等工匠艺术创作
5	宗教祭祀区	月地云居、鸿慈永祜、日天琳宇、舍卫城	供奉祖先灵位、神佛塑像，举办浴佛节等宗教祭祀活动
6	骑射演武区	山高水长	骑射、演练枪械，元宵节灯火、宴会、祈雨
7	娱乐观演区	同乐园及买卖街	戏曲演出、用膳、民间街市体验
8	后勤保障区	十三所及膳药茶房	宫廷事务及人员管理、轿子、船只、自鸣钟、武器、茶叶、药材的管理，餐饮、医疗保障

　　将这些区域的具体位置整合到复原平面图后不难看出：圆明园的核心功能景区集中在全园的南部和西部，中轴线以西的景区略多，但整体来看分布均衡。结合海淀一带西南高、东北低的地形特点分析，这样选址可能是为了规避洪涝带来的安全隐患，毕竟整座园林都处于低地之中。这其中，南部的山高水长、十三所、长春仙馆、正大光明、勤政亲贤和洞天深处6个景区沿东西向"一"字排开，也有若

[1] 包括《钦定日下旧闻考》《钦定总管内务府现行则例》、乾隆二十一年《清宫穿戴档》、清帝御制诗文等一手文献。
[2] 仅道光帝驾崩后在此停灵，中国国家图书馆藏样式雷图档《正大光明白差准底（地盘样）》（001-0004号）也可印证。

鸿慈永祜
日天琳宇
月地云居
文源阁
舍卫城
同乐园
买卖街
九州景区
福海景区
洞天深处
勤政亲贤
山高水长
十三所
长春仙馆
正大光明

北

礼制仪典区
听政办公区
寝居生活区
文化教育区
宗教祭祀区
骑射演武区
娱乐观演区
后勤保障区

圆明园八个核心功能景区的分布

干座宫门通向园外，这部分可能是全园最繁忙的区域；而由于皇室人员较多，他们就分散到了九州诸岛、长春仙馆与洞天深处生活。

上述景区之外，可统称为风景游赏区，特别是东部较为独立的福海景区和最北部的田园风景带，合计超过了全园一半的面积。核心功能区与风景游赏区类似于私家园林中"宅"与"园"的关系，但在圆明园中二者的界线比较模糊。虽然在风景游赏区中也不乏功能较为明确的建筑群，如方壶胜境用于贮藏佛像[3]、广育宫用于祭祀碧霞元君，以及大量的仓库、值房、码头等附属建筑，但从利用频率和重要性上，它们无法与核心区的景点相提并论。

也有部分景点曾经具备寝居功能：如西峰秀色、万方安和都曾是雍正帝喜爱的寝宫，武陵春色曾短暂地作为乾隆帝皇子时期的寝宫，廓然大公、蓬岛瑶台、濂溪乐处等处也设有床铺[4]，但这些无一例外都是临时性的。由于篇幅有限，本书只能介绍少部分的景区。

[3] 据中国国家图书馆藏样式雷图档《宜春殿内佛像数目》（094-0123 号），仅正殿内就曾藏有大小佛像 1675 尊，其规模及摆放的密集程度可见一斑。

[4] 《乾隆三十六年至乾隆四十六年圆明园等处帐幔褥子档》，载中国第一历史档案馆主编《清代史料档案——圆明园》，上海古籍出版社，1991，第 912-918 页。

后湖九岛："小我"到"大我"的境界

在这一讲中你将了解到

"九州"的整体布局来源于哪些典故？

哪些景点体现了皇帝对家庭的重视？

图 2-1 后湖九州景区古今格局叠加图（白色线条为古代布局）

在现存的圆明园档案中，有一份雍正二年（1724）的《山东德平县知县张钟子等查看圆明园风水启》的资料极为特殊[1]。作者张钟子和张尚忠二人从风水的角度向雍正帝论证了圆明园布局的优越性与合理性，并夸赞全园的山水走势"西北为首，东南为尾，九州四海俱包罗于其内矣"。

"九"是阳数之极，《尚书·禹贡》将天下划分为九州，这是中国古代最早的行政区划，后来逐渐成了中国的代称之一。追溯"九州"的文化渊源，不得不提到的是战国时一位著名的阴阳家代表邹衍，又名"谈天衍"。乾隆帝在《九州清晏》诗中赞叹道"邹衍谓裨海周环为九州者九，大瀛海环其外，兹境信若造物施设耶"，说明圆明园与邹衍的观点确有密切关联。

根据《史记》的记载，过去人们知道天下分为九州，但邹衍认为天下实际上共有九九八十一个州，因为每个大州又包含了九个小州。中国合称为"赤县神州"，内有九州，正是禹贡之九州。它被"裨海"[2]环绕，而九个九州以外被"大瀛海"环绕，直抵天地的交界处。按照这种理解，圆明园九州景区象征的是"赤县神州"，岛屿之间的河湖对应着"裨海"，园中其余的岛屿共同组成八十一州，最远处的福海也就是大瀛海了。

在微缩"赤县神州"的大立意之下，正大光明北侧的九座岛屿又分别被赋予了各自的主题，其中最南端、也是面积最大的一座岛屿为"九州清晏"，也可看作是九州景区的主题统领（图2-1）。"清晏"意为清平安宁，在《魏志》"拓平西夏，方隅清晏"、谢灵运《撰征赋》"穆京甸以清晏，撤多垒而宁役"等文献中多有表述。雍正帝如此命名寝宫，是将美好的治世理想投射到圆明园中。只有九州"清晏"，才能"皇心乃舒"[3]。

表面上看，环湖九岛在主题上的关联并不明显，但结合园主的特殊身份来分析，可以发现这些具体的造园手法和立意深藏着由小及大不同层面的理想境界（表2-1）。

[1] 中国第一历史档案馆：《清代史料档案——圆明园》，上海古籍出版社，1991，第6-8页。

[2] 音pí，形容小。

[3] 乾隆九年《九州清晏》诗。

"修身"是在个人层面提高文化和道德修养。对于"内圣外王"的君主而言，这是一切的根本，因此他们会在园林设计中格外凸显其文化属性，也体现出对于汉文化的高度认同。这类景点包含了后宫的寝殿建筑群"茹古涵今""碧桐书院"，以及祈求神佛护佑、寄托个人宗教信仰的主题园林"慈云普护"（图2-2）。

表 2-1　九州景区各景的核心思想

乾隆钦定景名	所属境界	核心思想	主要景观及表现手法
九州清晏	平天下	天下太平	仪典大殿"奉三无私""九州清晏"；寝殿"乐安和""天地一家春"；临湖敞厅"鸢飞鱼跃"
镂月开云	齐家	感恩亲情	琉璃瓦楠木殿"纪恩堂"、牡丹数百株、山石与古松
天然图画	齐家	子孙满堂	大殿"五福五代堂"[4]、水塘与小岛上的油松；坐东朝西可眺望西山的楼阁"朗吟阁""竹蕙"
碧桐书院	修身	标榜贤才	梧桐树、寝殿建筑群
慈云普护	修身	敬神礼佛	临水湾建佛殿，供奉观音大士、关帝、龙王等佛道教的造像
上下天光	治国	致敬先贤	写仿岳阳楼而建的临水楼阁，在水中东西各置一亭"饮和"与"奇赏"
杏花春馆	齐家	追思先祖	杏花村、土地庙、菜圃、山顶城关（隐喻山海关）
坦坦荡荡	治国	与民同乐	大型金鱼池、池中大殿"光风霁月"及小亭"知鱼"
茹古涵今	修身	兼收并蓄	二层方形楼阁"韶景轩"；寝殿"茂育斋""静通斋"等

茹古涵今

爱新觉罗·弘历 乾隆九年（1744）

长春仙馆之北，嘉树丛卉，生香蓊勃，缭以曲垣，缀以周廊，邃馆明窗，牙签万轴，漱芳润，撷菁华。不薄今人爱古人，少陵斯言，实获我心。

广夏全无薄暑凭，洒然心境玉壶冰。
时温旧学宁无说，欲去陈言尚未能。
鸟语花香生静悟，松风水月得佳朋。
今人不薄古人爱，我爱当年杜少陵。

解读：唐代诗人杜甫（杜少陵）在《戏为六绝句》诗中写道："不薄今人爱古人，清词丽句必为邻。窃攀屈宋宜方驾，恐与齐梁作后尘。"意在表达作诗应兼收并蓄，力崇古调、兼取新声。乾隆帝引申为饱读古今诗书，引用成语"茹古涵今"命名此景，"茹"为包含的意思。

图2-2　碧桐书院、慈云普护与上下天光景区复原平面图（乾隆末期）

"齐家"是家庭层面的关系和睦、子孙满堂，也包括对亲人的感恩与思念之情，这种朴素的情感很容易理解。景区中包括祖孙三代共赏牡丹的"镂月开云"（图2-3），承载乾隆帝五代同堂记忆的"天然图画"（图2-4）和通过复现《清明》诗歌意境来怀念先祖的"杏花春馆"。

"杏花春馆"景区初名"菜圃"，胤禛曾作诗"碧畦一雨过，青壤百蔬妍"[5]来表达田园生活的恬淡意境。雍正五年（1727），景区主题发生变化，雍正帝取唐代杜牧《清明》一诗"清明时节雨纷纷，路上行人欲断魂。借问酒家何处有，牧童遥指杏花村"的意境，在菜地四周"环植文杏"、建"矮屋疏篱"并"东西参错"，为景区题名"杏花春馆""杏花村"，以点明清明节的祭祀主题。杏花春馆的点睛之笔在于东北方向、接

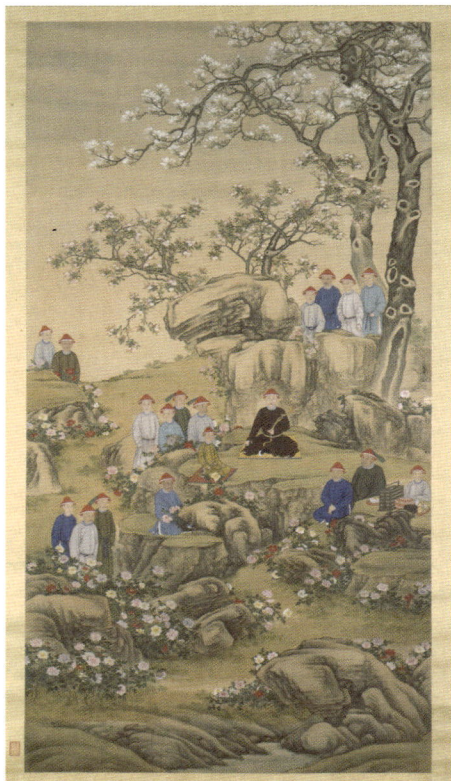

图2-3（清）宫廷画师　绘·《雍正帝观花行乐图》[6]
（北京故宫博物院藏）

5 《清世宗御制文集》卷二十六《雍邸集》之《园景十二咏》。
6 学界普遍认为此图描绘了胤禛在圆明园牡丹台的观花场景，身旁的皇子为皇四子弘历。

近山顶的城关，功能上虽是"杏花村"的入口，实际上是象征满人定鼎中原时经过的山海关，与恭王府微缩的"榆关"（山海关的别称）有异曲同工之妙；不同之处在于圆明园的城关建在高处，更加突出了对先祖的崇敬之情。

"天然图画"景区的建筑群是四合院的变体，主殿是坐北朝南的"五福堂"，其名最早由康熙帝赐予四阿哥。史料记载，五福堂还曾是年少公主阿哥的居所[7]。乾隆四十九年（1784），73岁高龄的乾隆帝五代同堂，他在诗中写道"甲辰予见元孙得增二字曰五福五代堂，以昭垂裕，盖八襄初开，五代早全，予之蒙福实为厚幸"[8]，表现了皇室对家庭和睦、健康长寿的美好希冀。"五福"分别指："一曰寿实花之身。二曰富实花之朵。三曰康宁则信然。四曰攸好德之则。五曰考终命之畴。"[9]庭院南侧还开辟有一方形水塘，并小洲上栽有油松数株，作为主殿"五福五代堂"的对景，寓意大清的基业长青。

"治国"的本质是治理好千万个小家，在这里包括写意仿建岳阳楼来向先贤范仲淹（989—1052）、滕子京（991—1047）致敬的"上下天光"景区，以及将臣民比作池中鱼、鞭策自己时刻保持"无偏无党"的"坦坦荡荡"景区（图2-5）。

"平天下"是皇帝治国的最终理想，不过这里的"平"字并非指武力征服，而是指天下大同、河清海晏，也正是"九州清晏"的境界（图2-6）。

五福五代堂题句

爱新觉罗·弘历　乾隆五十五年（1790）

敷锡名垂洪范篇，祖功宗德已身肩。

（原诗注：洪范云敛时五福用敷锡庶民，本非自厚其身之谓，迨至遮民保极实则一人永多福也。）

三朝厚幸双文益，八襄初开五代全。

（原诗注：五福堂之名乃皇祖康熙帝御书以赐皇考者，甲辰予见元孙得增二字曰五福五代堂，以昭垂裕，盖八襄初开五代早全，予之蒙福实为厚幸。）

解读：这首诗作于乾隆晚年，交代了正殿由皇祖康熙帝赐名的"五福堂"更改为"五福五代堂"的缘由，这种功成名就、五代同堂的成就感与幸福感跃然纸上。乾隆帝在《五福堂对玉兰花二十韵》（作于乾隆五十二年）诗中还提到堂前的玉兰、九州清晏清晖阁的古松与其同岁。

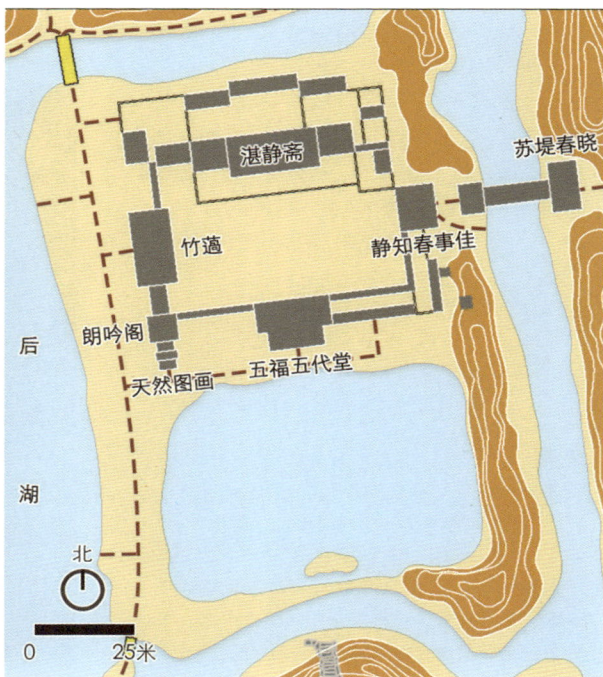

图 2-4　天然图画景区复原平面图（乾隆末期）与绘画中的风貌

图 2-5　"坦坦荡荡"复原平面图（乾隆末期）与绘画中的风貌

7　乾隆帝的七公主在一岁时被称作"五福堂公主"，十七阿哥周岁时被称为"五福堂阿哥"。
8　乾隆五十五年《五福五代堂题句》诗。
9　乾隆五十二年《五福堂对玉兰花二十韵》诗。

坦坦荡荡

爱新觉罗·弘历　乾隆九年（1744）

凿池为鱼乐国。池周舍下，锦鳞数千头，喁嗫拨
刺于荇风藻雨间，回环泳游，悠然自得。诗云：

众维鱼矣，我知鱼乐，我蒿目乎斯民。

凿池观鱼乐，坦坦复荡荡。

泳游同一适，奚必江湖想。

却笑蒙庄痴，尔我辨是非。

有问如何答，鱼乐鱼自知。

解读： 诗中第三句提及的"濠梁之辩"出自《庄
子·秋水篇》："庄子与惠子游于濠梁之上，庄子
曰：'鯈鱼出游从容，是鱼乐也。'惠子曰：'子
非鱼，安知鱼之乐？'庄子曰：'子非我，安知我
不知鱼之乐？'"乾隆帝在诗中对这种说法嗤之
以鼻，并且以帝王视角将臣民比作池中鱼，但这
种想法是一般人很难共情的。池中央的大殿"光
风霁月"并非形容风景，而是引申为政治清明和
内心坦荡。

图2-6 乾隆帝在九州清晏的"怡情书史"殿外观鱼（北京故宫博物院藏《张廷彦画弘历行乐图》）

九州清晏：
燕寝和乐的家园

在这一讲中你将了解到

皇帝的寝宫慎德堂在室内外布局上有哪些特点？
后妃居所是如何在九州清晏岛上分布的？

作为圆明园中历史最悠久的景点和最主要的帝后寝宫，九州清晏，这座占地面积达2.2万平方米的巨大岛屿上，密布着20余座大小殿宇和30余座附属用房。同时，它也是改建频率最高的景区之一。虽然遗址损毁严重，但遗存的相当数量的设计图纸可以供我们一窥其复杂过往。

由于整座岛屿在面阔（东西）方向的距离远大于进深（南北），岛上的建筑群被划分为中、西、东三个部分，每部分被称作"路"（图2-7）。中路位于圆明园的中轴线上，为"三大殿"构成的礼仪空间；东路以"天地一家春"大型四合院为核心，集中布置着众多嫔妃的寝宫，以及侍女、太监居住或值班的房间；西路主要是皇帝居住与生活的区域，占据了全岛近一半的面积，布局明显更为灵活，甚至引入湖水来造景。在中路与东、西路之间，还分布着佛堂、库房的狭长区域。

中路建筑群。"三大殿"——圆明园殿、奉三无私殿、九州清晏殿[1]的等级较高、布局规整，分别作为门殿、宴会厅和寝宫。虽然这一格局始终维持不变，但房屋的造型曾多次发生变化。道光十六年（1836）这里因失火重建，咸丰五年（1855）时又被改建，同治时

[1] 图档和古籍中也常写作"洲"，但在乾隆九年的御制诗中为"州"，本书以此来统一。

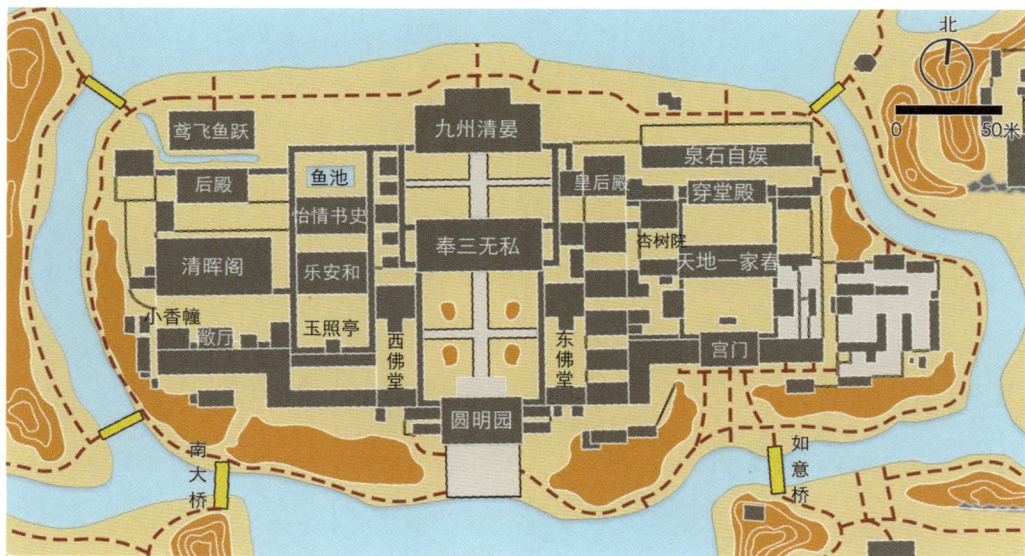

图2-7 "九州清晏"景区复原平面图（乾隆末期）

图2-8（清）何世魁　绘·《道光帝喜溢秋庭图》（北京故宫博物院藏）

期另有一套重修方案。九州清晏殿面向北建有抱厦，岛屿的轮廓在此也向北凸出。岛屿南北两端分别建有山石堆叠的"前码头""后码头"，用于水陆交通的换乘。此处与北岸的慈云普护隔水相望，钟楼三层的自鸣钟和楼顶的试风旗分别指示时间和风向。

西路建筑群。在道光和咸丰时期，这一区域与早期《圆明园四十景图》所描绘的格局相比，几乎发生了翻天覆地的变化。这次大规模改建发生在道光十一年（1831），与早期"玉照亭—乐安和—怡情书史"的三进的院落相比，核心建筑"慎德堂"和宽敞的前院重点突出了单体建筑的体量和室外的园林环境；西跨院的清晖阁及后殿被体量较小的"永春室—基福堂—性存斋"四进院所取代。

整座慎德堂庭院占地面积为800多平方米，里面点缀着牡丹、芍药、苹果、柿子、银杏、油松、罗汉松、榆叶梅、杏树等丰富的观赏植物以及石桌、石凳等摆件。这些植物品种包括了常绿植物和落叶植物、观花与观果植物，春、秋两个季节均能成景的植物，可谓面面俱到。在慎德堂对面的假山上，还建有3座高低错落的亭榭——"得心虚妙"（指保持谦逊无欲的心态，才能达到美好的境界）、"峭碧"和"昭吟镜"作为对景；若从跌落游廊攀登而上，就能够俯瞰后湖景色。从道光帝园居的绘画不难看出，这里承载了他幸福的家庭记忆（图2-8）。

慎德堂是圆明园几座最大的单体建筑之一，面阔方向仅有5间，

"至于饮食勿尚珍异，冠裳勿求华美，耳目勿为物欲所诱，居处勿为淫巧所惑，此犹俭德之小者。不作无益害有益，不贵异物贱用物。一丝一粟，皆出于民脂民膏，思及此，又岂容逞欲妄为哉？"
——道光帝《慎德堂记》，道光十一年（1831）

但是进深方向多达6间，因此屋顶选用三卷形式（图2-9、图2-10）。整座建筑是一座面阔为5.97丈（19.1米），进深为6.95丈（22.24米）的长方形大建筑，面积足有424.87平方米。但庞大的建筑内并非空空荡荡，而是由各种门、罩灵活地划分出前、后、左、右多个大小房间，布局宛若迷宫。宫殿的地面上贴满了红花和青花的瓷（磁）砖，上空还悬挂有“澄心养素”“寄旷怀”“公正平和”等十几块匾额来表明帝王自我约束或追慕先祖的心境，呼应了“慎德”的主题。

透过慎德堂的室内外格局，我们能窥见清代帝王在居住环境上有着非常高的追求。室内布局变化多端、功能丰富，室外景观富于层次，既可观赏花木繁荫的庭院景观，又可眺望庭院外的风景，令人赏心悦目，咸丰帝在诗中就描述了在这里赏月时的场景。在道光咸丰时期的圆明园，像慎德堂这种巨大体量的单体建筑还有多处，如后湖北岸的涵月楼（上下天光景区）、福海东岸的观澜堂（接秀山房景区）、福海北岸的镜远洲（平湖秋月景区）等。

东路建筑群。就像在紫禁城一样，皇帝们依循祖上的规矩，不与后妃居住在一起。后妃们主要居住在九州清晏的东路以及长春仙馆。根据咸丰年间的样式雷图档，以“天地一家春”为正殿的大型院落中住有懿嫔（即叶赫那拉氏，慈禧太后）、丽嫔、容贵人、英贵人、鑫常在、明常在等10位妃嫔，每人又配备有侍女居住的“下屋”（图2-11）。此时慈禧太后尚未晋升为妃，可见这份图档应该绘制于咸丰三年（1853）到咸丰六年（1856）间她生下同治皇帝之前。

从居住分布上来看，从南至北，她们居住的位置和面积大小按照等级分布：如懿嫔居住在“天地一家春”的5间正殿之中，而璷贵人和丽贵人2位则住在后殿，一东一西每人各3间；英贵人、鑫常在和明常在3人居住在最后一进院的“泉石自娱”中。虽然这座建筑共分为15间，但它东西贯通，室外的院落十分狭窄，居住环境肯定不如前院舒适。在咸丰年间的一幅宫廷绘画上，玫贵妃、春贵人和鑫常在在园林中垂钓赏花休闲，虽然场景并不能与圆明园对应，但其活动、服饰、发饰都是比较写实的（图2-12）。

条件较为简素的是侍女和太监们住的房间，他们主要住在坐南朝北的倒座房中，房间面对着“小主”们居住的宫殿，似乎更加方便随时被召唤，但房间往往较为阴冷；相比而言，懿嫔的“女子下房”则位于正殿前西侧的厢房之中，可见侍女的居住环境也会随着主子地位的提高而变好。

图 2-9　慎德堂及庭院复原示意图

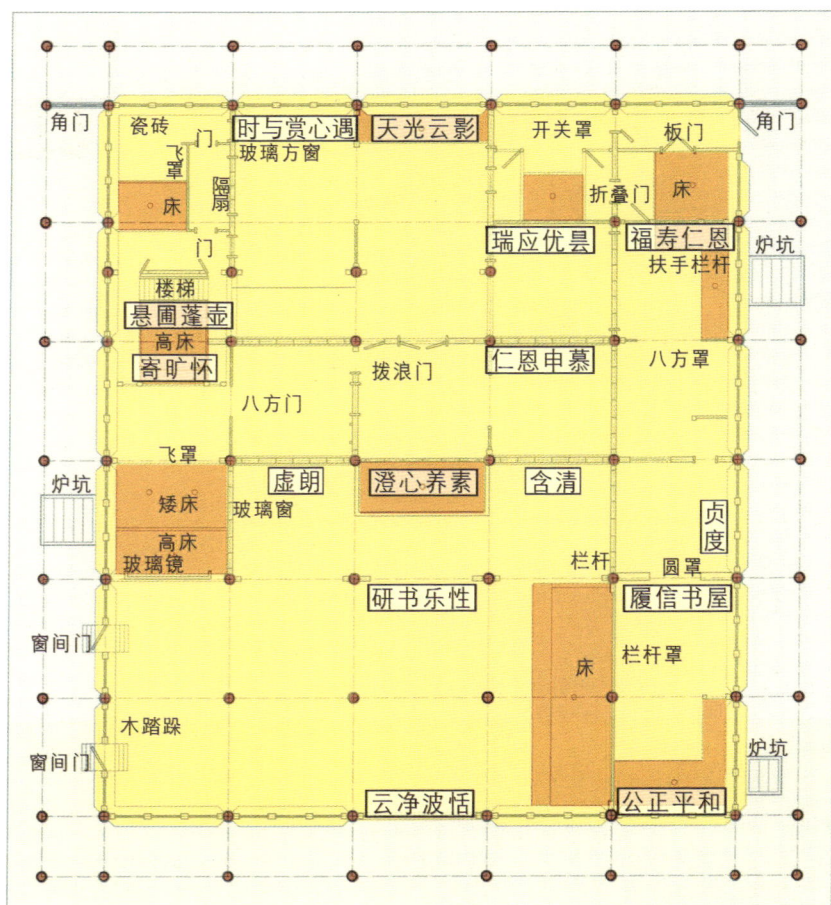

图 2-10　慎德堂的室内格局（咸丰时期）

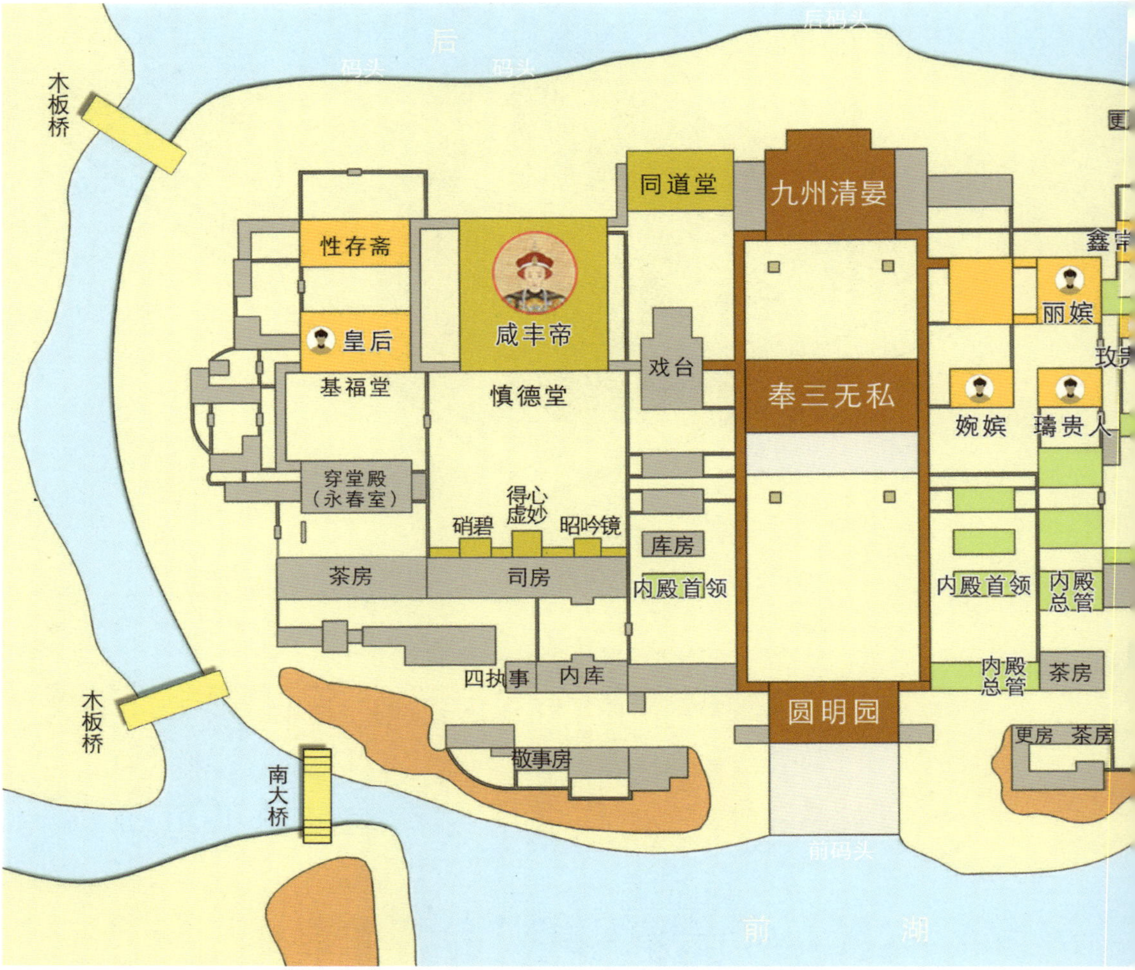

图2-11 九州清晏帝后寝宫分布图（咸丰时期）

慎德堂

爱新觉罗·旻宁 道光十三年（1833）

为爱新堂远俗缘，不雕不绘喜安便。面开松嶂涛初起，背映冰湖月正圆。
永戒骄奢心勿放，时操勤俭力须坚。清虚静泰承天语[1]，气志由中悟浩然。

（原诗注：①奉三无私殿内恭悬皇祖御书清虚静泰匾额。）

解读： "新堂"即刚刚建成的慎德堂，道光帝用"不雕不绘"来形容它的朴素，堂前松涛阵阵，堂后湖水冰冻。"月正圆"说明这是他在夜间写下的诗句。后半首诗道光帝不忘勉励自己勤政简朴，从祖父乾隆帝题写的牌匾中获取精神力量。

图2-12（清）宫廷画师 绘·《玫贵妃春贵人鑫常在行乐图》
（北京故宫博物院藏）

圆明园基福堂述志

爱新觉罗·奕詝　咸丰五年（1855）

御园钟粹两颜楣，生我劬劳念在兹[1]。考妣恩深何以报，敬勤志勖敢时遗。
修身身立诚艰矣，基福福臻倍惕之。孝弟心存如赤子，音容莫睹只余悲。

（原诗注：①予于辛卯六月九日生于御园之湛静斋，即今基福堂也。）

解读：基福堂是咸丰帝的出生之地，早先叫作"湛静斋"。此堂位于慎德堂的西跨院。这首诗作于咸丰帝
正式驻跸圆明园时，主要表达了他对已逝父母的感恩与怀念之情。

第七讲　仙馆洞天：长寿仙居的向往

在这一讲中你将了解到

长春仙馆与洞天深处两个景区在布局上有哪些相同点？

皇子的教育和生活区如何同时体现儒家与道家思想？

鸣玉溪

丽景轩

藤影花丛

林虚桂静

随安室

墨池云

含碧堂

宫门

图2-13（清）唐岱、沈源 绘·《圆明园四十景图咏》之《长春仙馆》

古人除了姓、名，一般还有字和号。字是对名的补充，号则用于文人雅士自称或互称，体现某种人生态度。乾隆帝姓爱新觉罗，名弘历，他的号"长春居士"是由父皇雍正帝（自称为"圆明居士"）所赐。因此他在继位后，就将皇子时的"旧居"更名为"长春仙馆"，纳入"圆明园四十景"（图2-13）。

"长春"寓意青春常驻，"仙馆"是指仙人客居的场所。乾隆时期，这里成为皇太后来园时的临时居所，正如"欢心依日永，乐志愿春长"[1]描绘的心境那样，表达了他对母亲健康长寿的期待。乾隆四十二年（1777），崇庆皇太后病逝于此，乾隆帝遂命人将太后寝居的长春仙馆殿改为佛堂，佛像则来自太后平时生活的畅春园。自此，这里成了一处纪念场所。长春仙馆曾居住过的另一位重要人物是嘉庆皇帝，他在乾隆帝当太上皇期间曾短居于此，景区内的随安室、绿荫轩等殿宇是他反复题咏的地方。

长春仙馆礼佛有感

爱新觉罗·弘历 乾隆四十三年（1778）
园内赐居别一所，卅年庆节憩慈躬。

（原诗注：长春仙馆予昔蒙皇考赐居也，御极以后每岁孟春奉圣母幸御园即驻憩于此。行庆度节，至正月杪始奉慈驾驻畅春园。）
昨春大故忽于此，今岁重来望已空。未敢频兴神御屡，

（原诗注：去年圣母于此升遐，室宇廷阶触处皆增伤感，第以列后无专奉神御之例，不敢于礼有所加，因于寝宫奉佛庄严，以时瓣香瞻礼，敬志哀慕。）
因之洁治佛筵崇。瓣香忏悔期消恨，翻惹填膺恨不穷。

解读：这首诗作于崇庆皇太后去世后的第二年，乾隆帝来到母亲去年元宵时生活过的长春仙馆，发现物是人非，处处景观都令他悲伤不已，并解释了将此改造为佛堂是出于寄托哀慕之情（新建畅春园东北的恩慕寺同样是出于此目的）。

道光咸丰时期的图档表明，皇后居住在长春仙馆最西侧的"藤影花丛"院落之中（图2-14）。主殿是一座面阔5间、进深1间、后出3间抱厦的大型宫殿，总面积

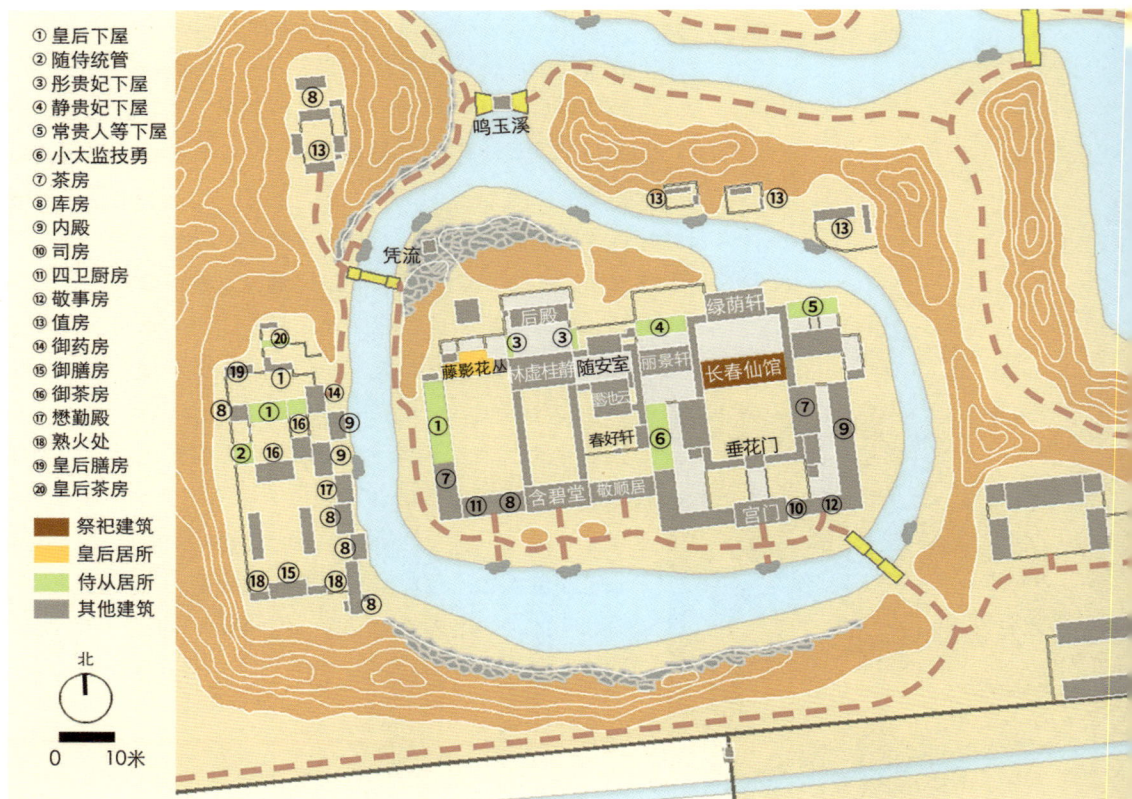

图2-14 长春仙馆景区功能布局图（道咸时期）

① 皇后下屋
② 随侍妃统管
③ 彤贵妃下屋
④ 静贵妃下屋
⑤ 常贵人等下屋
⑥ 小太监技勇
⑦ 茶房
⑧ 库房
⑨ 内殿
⑩ 司房
⑪ 四卫厨房
⑫ 敬事房
⑬ 值房
⑭ 御药房
⑮ 御膳房
⑯ 御茶房
⑰ 懋勤殿
⑱ 熟火处
⑲ 皇后膳房
⑳ 皇后茶房

祭祀建筑
皇后居所
侍从居所
其他建筑

约为170平方米，后殿西侧还有一间套殿与之相通。打开大殿的后窗，院外假山之上的四方亭便映入眼帘；亭后的土岗假山之间建造着岛屿上的最高点——凭流亭，在此可以隔水眺望"鸣玉溪"亭桥。皇后的侍女们则住在庭院西侧的12间"皇后下屋"之内。

为了给帝后提供全天候周到的餐饮和医疗服务，御膳房、御茶房和御药房就位于长春仙馆西侧的陆地之上。在这里，皇帝和皇后的餐饮是分开供给的。此外，西侧土山环抱之中的"十三所"同样具有服务功能，在这13座院落之中分布着"四执事""自鸣钟""船上"、敬事房、掌仪司、"药房""鸟枪三处""乾清宫"等机构，涉及皇家生活、工程、军械和人事管理的方方面面。

与长春仙馆东西相对的另一处重要景点，是专为皇子居住读书而设立的"洞天深处"景区。它位于九州的东南方向，对应星象中的"太微垣"，同样建设于雍正时期。道教有"三十六洞天"之说，相传为神仙所居，山有洞室，通达上天，而"洞天"的深处显然更为隐秘和令人神往。圆明园中另一个与洞天相关的景区，是福海东南山谷之间的别有洞天（又名"秀清村"），雍正帝曾命道士在此炼丹。

　　洞天深处景区西侧为一座小型山水园，用于皇子教育与祭拜孔子，东侧为四座规整的院落——"皇子四所"，即寝宫。其命名可能源自畅春园所属的西花园，内有南、中、东、西四所，但圆明园四所在道光时期被合并为东西二所（图2-15）。北侧的小庭院"如意馆"则是宫廷画师的创作场所，郎世宁（1688—1766）、王致诚（1702—1768）等外国传教士都曾在此工作。与连接寝宫和办公区的"如意桥"含义相似，"如意"应是表达了对艺术创作的一份期待。

　　这座小型山水园内涵独特，景名中包含着的"三天"对应着岛上由南至北的三座殿宇，分别由雍正帝题写了"前垂天贶[2]""中天景物"和"后天不老"的名称，寓意"前天"得到了上天的恩赐、"中天"创造盛世佳景、"后天"乐享长生不老，似乎是向在此读书、

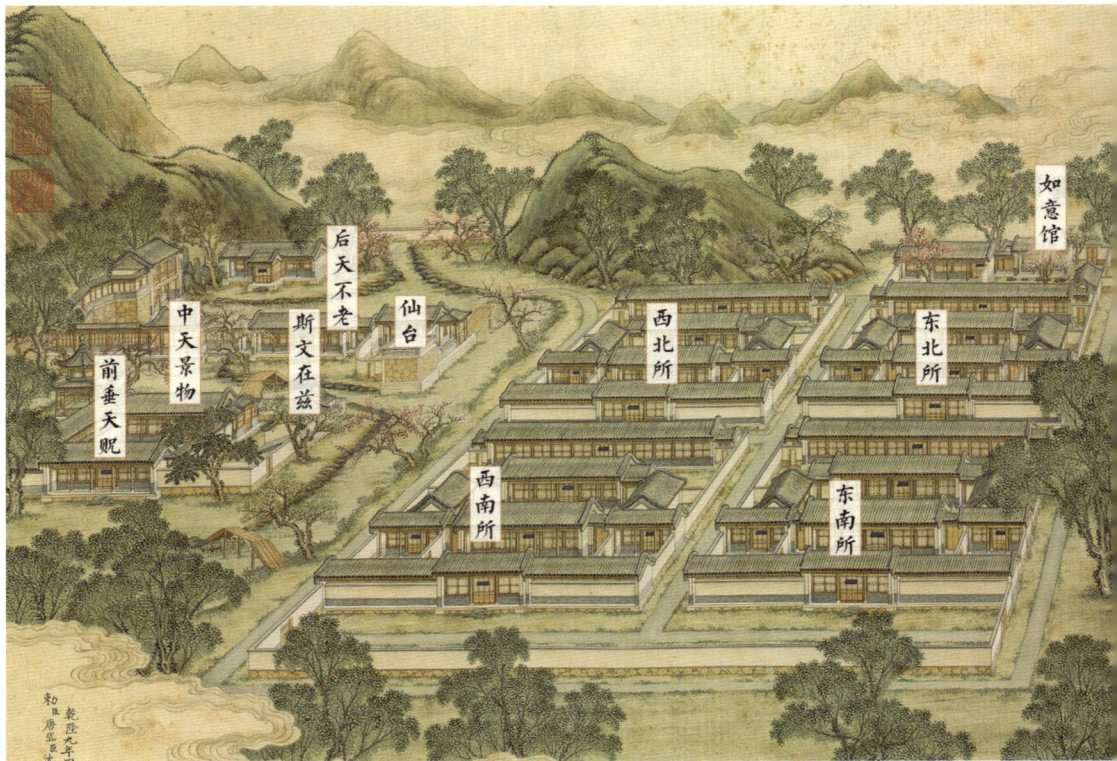

图2-15（清）唐岱、沈源 绘·《圆明园四十景图咏》之《洞天深处》

先天条件优越的皇子们灌输入世的思想。景区开向园外的大门为"福园门"（讹称"福缘门"），暗指这里是洞天福地之园林，呼应了大的主题。

不过，乾隆帝虽然顺应旧时立意，将景区的整体名称凝练为

图 2-16 "鸣玉溪"亭桥遗址（仅桥身复建）

"洞天深处"，但他在诗中坚定地表示"愿为君子儒，不作逍遥游"[3]，体现出他对儒家思想的高度认同，这在他为殿内题写的匾额上也有所体现：劝勉不骄不怠的"逊志时敏"、标志这里是儒学礼乐场所的"斯文在兹""圣人堂"等。

从长春仙馆和洞天深处的选址上看，它们对称分布在九州清晏的西南与东南两侧，且均为山水环抱的"壶中天地"式布局：封闭性很强，仅在北侧开有"水关"与外界水域相通，区别仅在于湖中岛屿的数量为一座或两座。不过，从诗文来看，长春仙馆似乎更受清帝的青睐。或许是因为这里有一口泉眼，还有水位高差带来的泠泠响声，显然这是全园相当珍贵的造景资源。乾隆帝曾在诗中写道"水温冬不冻，夏爽月来时"，此处注道"是处水温冬常不冻"[4]，说明这处泉水冬暖夏凉。

更特别的是，由于泉水汇集之后仅能通过北侧流出，流经桥下的水声好似"鸣玉"一样动听，所以此处跨水口而建的一座可供人驻足观景的亭桥名为"鸣玉溪"。乾隆帝诗赞曰"溪流有高下，潋濺奏悠声"[5]，嘉庆帝也有《古香斋听泉》一诗，说明泉声也成为园林景观中的重要部分。如今的鸣玉溪桥是在考古发掘之后复建而成的（图2-16）。

[3] 乾隆九年《洞天深处》诗。
[4] 乾隆二十六年《题含碧堂（长春仙馆中旧时书室也）》诗。潋，音 liàn，水波。濺，音 jí，湍流。
[5] 乾隆五十六年《鸣玉溪》诗。

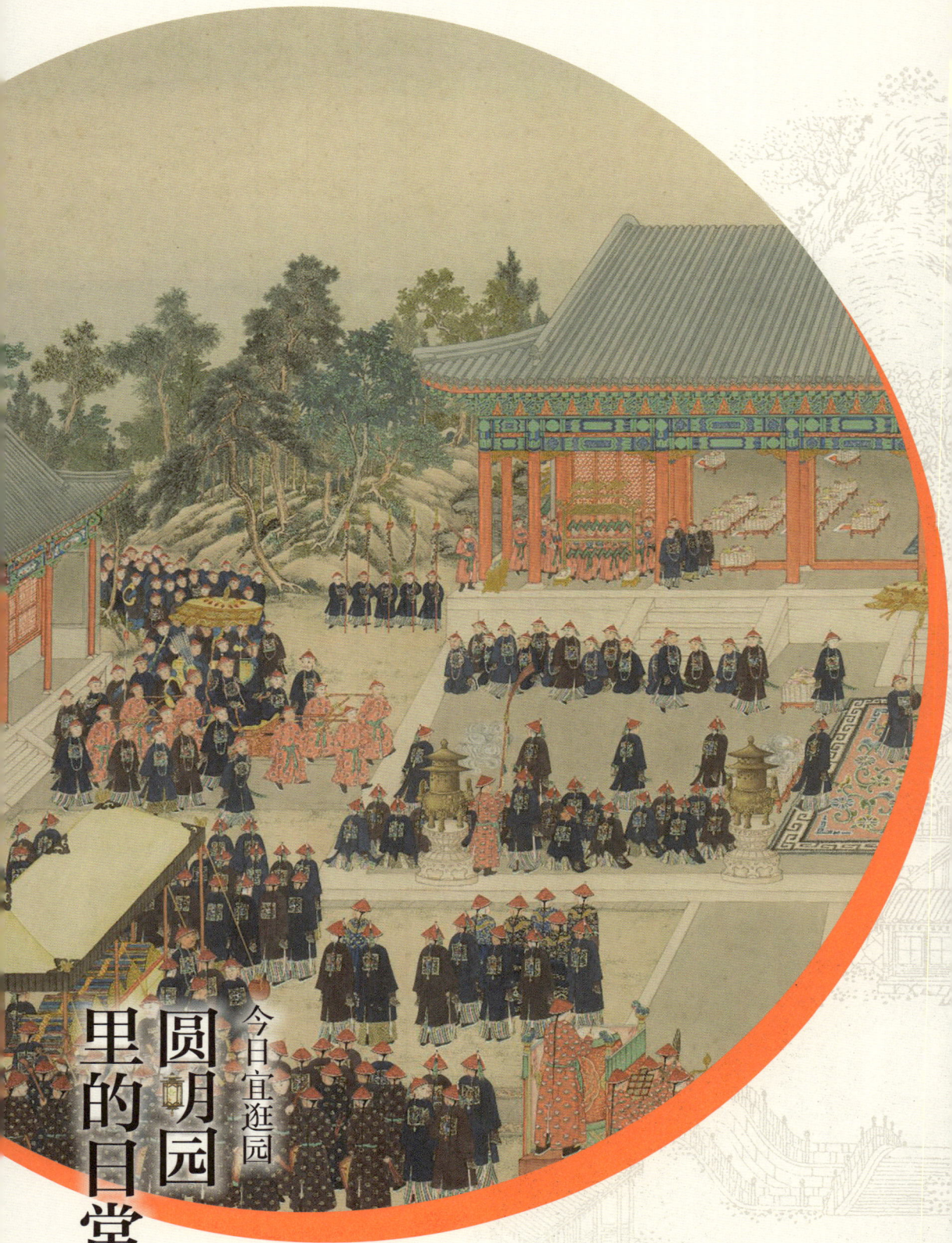

今日宜逛园

圆明园里的日常

第三卷

理政篇

正大光明：方格网中的九五之尊

在这一讲中你将了解到

圆明园的外朝区如何在布局上隐藏着"九五之比"？

正大光明殿的内外设计体现了哪些文化内涵？

圆明园作为一座巨型园林，远超人们的可视范围，因此来自"皇家工程院"——样式雷的设计师就需要在图纸上对布局进行整体把控。在一张由样式房绘制的斑驳的圆明园全图上（图3-1），可以看到浅浅的墨线方格网。这张图的存在极其关键，根据方格的数量和圆明园的真实尺寸，我们可大致推算出方格为10丈（约32米）的正方形[1]。10丈即百尺，也就是古人常讲"百尺为形，千尺为势"，"势"与"形"正是对远近景物在视觉和心理感受的总结。[2]

方格网的术语是"平格网"，它也曾多次应用于清代的西苑和东、西陵的工程之中。实际上，这种技术不仅历史悠久，而且对设计和施工能够起到重要的辅助作用。平格网如何具体影响了园内景

[1] 古人使用的尺寸单位为"丈""尺""寸"，为十进制的单位。

[2] 王其亨：《风水形势说和古代中国建筑外部空间设计探析》，载王其亨等著《风水理论研究（第二版）》，天津大学出版社，2005，第140-168页。

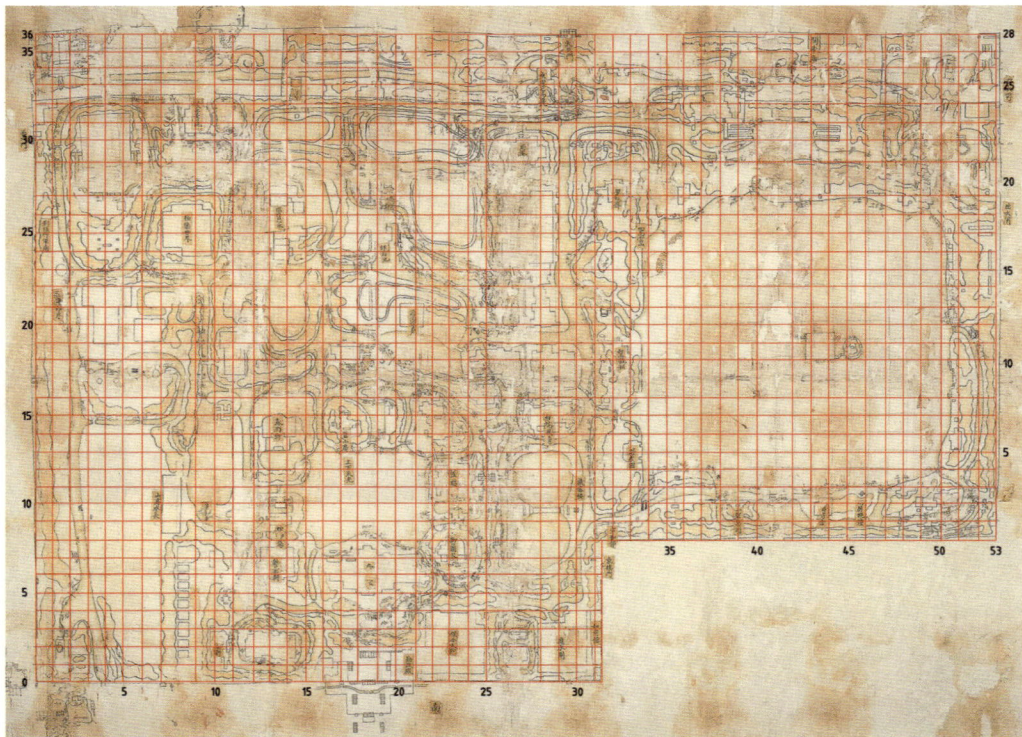

图3-1（清）样式雷 绘·《（圆明园地盘全图）》（中国国家图书馆藏，红线为笔者据原图描摹的方格）

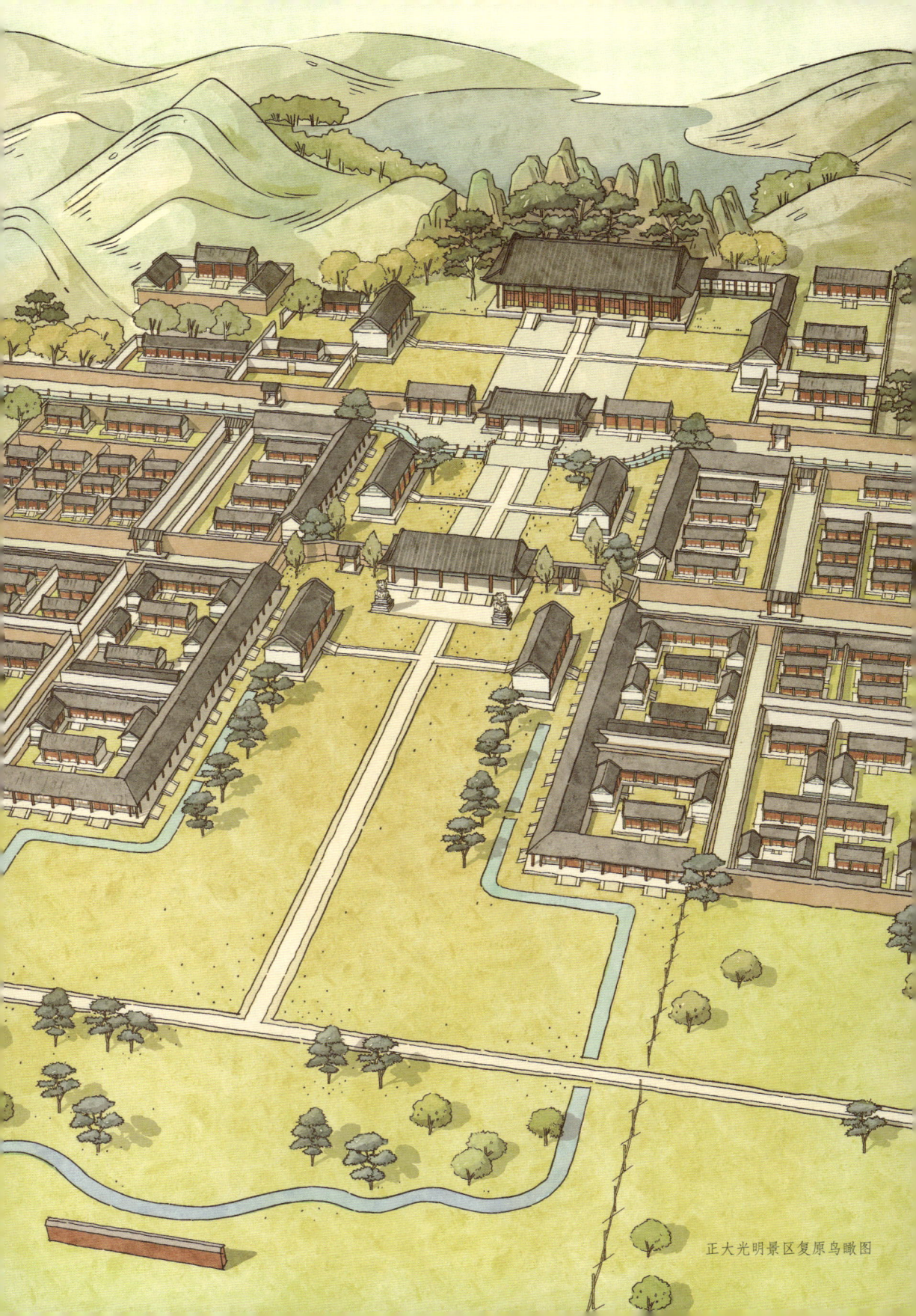

正大光明景区复原鸟瞰图

³ 出自乾隆九年《正大光明》
诗，即举办正式朝会听政的
场所。

区的规划布局，"四十景"之首的"正大光明"给出了答案。

正大光明景区作为御园"正衙"³，是雍正帝着重建造的仪典空间。他在《御制圆明园记》中记述道："惟建设轩墀，分列朝署，俾侍直诸臣有视事之所。构殿于园之南，御以听政。"正大光明景区位于全园最南端，包括了宫墙外广场与墙内建筑群，自南至北依次为挡众木、大影壁、大宫门、二宫门、正大光明殿、寿山、前湖，总长约534米。

将复原平面图与10丈的平格网叠加后发现：景区由南至北可以划分为9格/3格/2格的三段。南端至大宫门、大宫门至正大光明殿的距离之比构成了9比5的比例；同时，大宫门外区域的面阔与进深

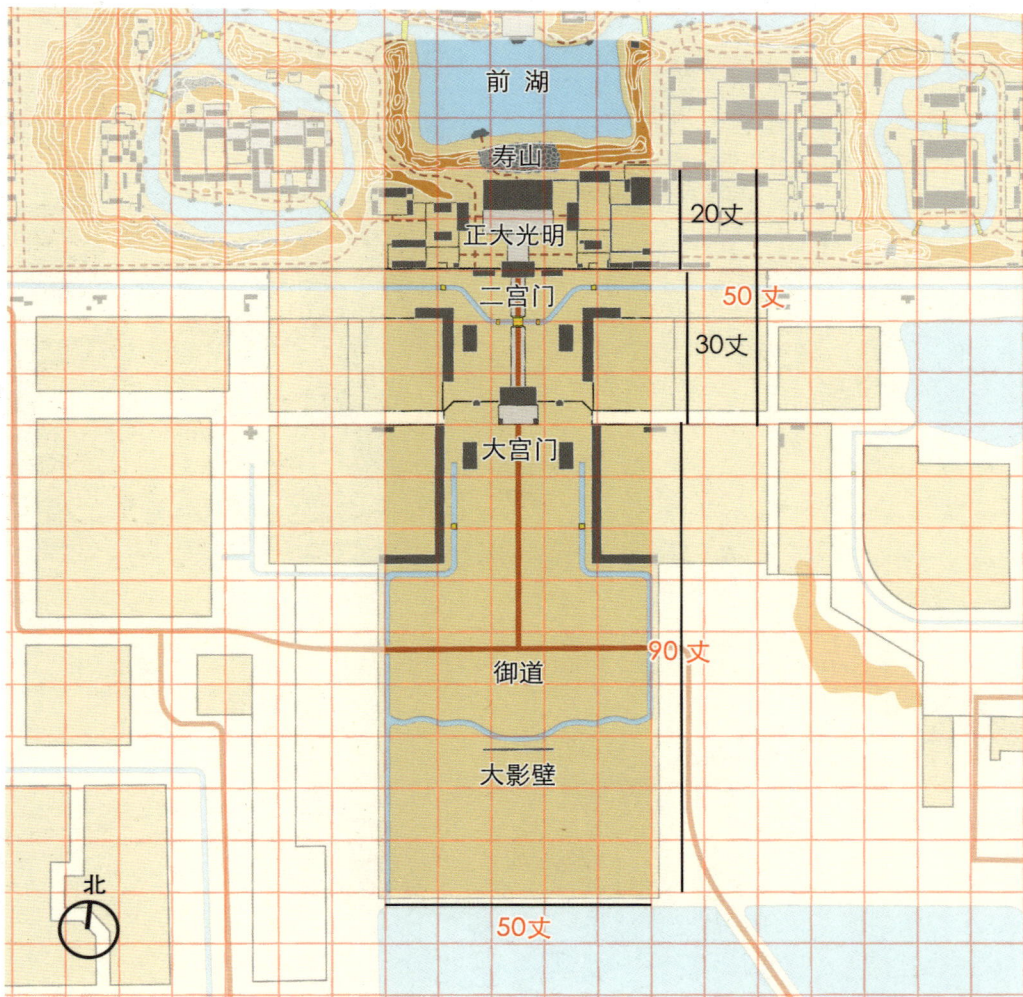

图3-2 正大光明景区平面图与平格网叠加图

也构成了9比5的比例（图3-2）。这在样式雷图档《圆明园宫门（地盘样）》中得到了验证，图上标注"宫门至挡众木通进深九十二丈，挡众木至挡众木通面宽五十一丈"（即面阔51丈、进深92丈），几乎为9比5的关系；又将"石路至影壁进深十八丈"与"影壁与挡众木进深二十八丈"加和后为46丈，正好为通进深92丈的一半，说明了御道的位置恰好在外广场的中央。

"九五"出自《周易·乾》的"九五，飞龙在天，利见大人"。后世常用"九五"比喻帝王的尊位，故有"九五之尊"一词。正是雍正帝利用园林彰显皇权的一种表现。

自圆明园启用之日，雍正帝就将其作为"与宫中无异"的皇宫。但圆明园距离京城有约10公里的路程。就当时的交通条件而言，这段路程对于起早奏事的大臣们是一项不小的挑战。为此，他制定了一个"轮班奏事制度"（表3-1），8天为一个循环，"每日一旗一部来陈奏"[4]。如果皇帝在宫内乾清门御门听政，则原本轮到当天奏事的部门顺延一天。如果确实无事可奏，堂官也得前来；若发生了紧急事件，则无需等到轮班的那一天再上奏。该制度并非一成不变，嘉庆二十年（1815）由于銮仪卫、理藩院经常无事可奏，皇帝下令将二者与光禄寺合并，同时将都察院合入刑部、大理寺（统称"三法司"，为第五班），将内务府和国子监合为一班（第七班），将理藩院、銮仪卫和光禄寺合为第八班[5]。

这么多的政府人员前往圆明园奏事，需要配套的临时办公或等候场所。因此，在大宫门和"出入贤良门"的两侧，建有连排的

4　雍正四年正月二十日上谕。何瑜：《清代三山五园史事编年（上）》，中国大百科全书出版社。

5　张德泽：《清代国家机关考略》，学苑出版社，2001，第38-170页。

6　嘉庆二十年六月十四日上谕。何瑜：《清代三山五园史事编年（下）》，中国大百科全书出版社，2014，第175页。

表 3-1　圆明园轮班奏事的各国政部门及主要职责（雍正初期至嘉庆二十年）[6]

轮班奏事的排序	部门名称	主要职责
1	吏部	职掌全国文职官员的任免，制定京内外各衙门的文职官员名额
2	户部	职掌全国的疆土、田亩、户籍与财政经济事务
3	礼部	职掌典礼事务（祀典、庆典、军礼、丧礼、接待外宾）与学校、科举事务
4	兵部	职掌全国军事及武职官员的任免，官兵分为八旗兵与绿营兵
5	刑部	职掌全国刑罚的政令
6	工部	职掌土木兴建工程、水利工程、各项器物制作工程
7	督察院	监察国家风纪、政事得失与官员邪正
	理藩院	职掌蒙、回、藏各族事务及部分属国及其他外交事务
8	内务府	职掌皇家的衣、食、住、行等各项事务

朝房，可以根据样式雷图档考证出各朝房所属的部门（图3-3、图3-4）。

出入贤良门后是圆明园最庄重的场所之一——正大光明殿广场。大殿坐落于高台之上，共七开间，带周围廊，面宽11.39丈（36.45米）、进深5丈（16米），殿前建有“月台”，颐和园仁寿殿的形制与之类似。大殿在功能上相当于紫禁城的太和殿或保和殿，是开展

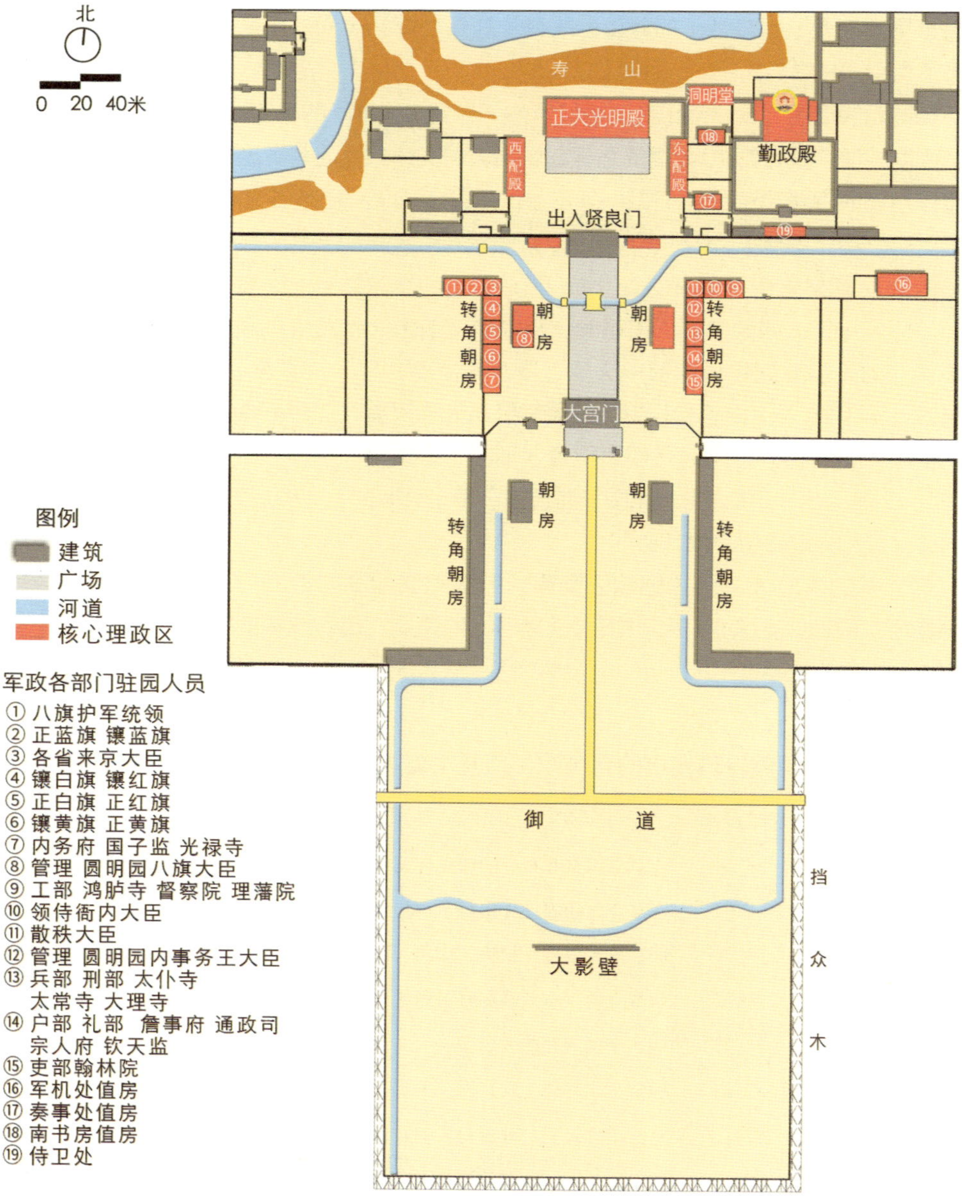
北
0 20 40米
寿 山
正大光明殿
洞明堂
勤政殿
西配殿
东配殿
出入贤良门
转角朝房
朝房
大宫门
御 道
大影壁
挡众木
图例
建筑
广场
河道
核心理政区
军政各部门驻园人员
① 八旗护军统领
② 正蓝旗 镶蓝旗
③ 各省来京大臣
④ 镶白旗 镶红旗
⑤ 正白旗 正红旗
⑥ 镶黄旗 正黄旗
⑦ 内务府 国子监 光禄寺
⑧ 管理 圆明园八旗大臣
⑨ 工部 鸿胪寺 督察院 理藩院
⑩ 领侍衙内大臣
⑪ 散秩大臣
⑫ 管理 圆明园内事务王大臣
⑬ 兵部 刑部 太仆寺
太常寺 大理寺
⑭ 户部 礼部 詹事府 通政司
宗人府 钦天监
⑮ 吏部翰林院
⑯ 军机处值房
⑰ 奏事处值房
⑱ 南书房值房
⑲ 侍卫处

图3-3 圆明园外朝区布局及人员分布图

图3-4 大宫门遗址和二宫门外御河遗址

宴请外藩和接见使节、御殿传胪、御考、皇帝寿宴等重大政治活动或庆典活动的场所。

目前唯一一幅描绘圆明园内部大型活动的绘画，是以道光八年（1828）皇帝赐宴凯旋战士为题材的（图3-5）。从图中可以看到大殿的五间门扇全部大开，显露出了殿内宝座和诸大臣的座位，这与《钦定大清光绪会典图》中记载基本一致。

"正大光明"语出南宋著名哲学家朱熹（1130—1200）的名句"大抵圣贤之心，正大光明，洞然四达"。与之同名的四字匾在清宫共有5副，圆明园的这副由雍正帝题写[7]，并成为殿宇之名。大殿之内的宝座两侧悬挂着雍正帝书写的一副楹联，赞颂了帝王天人合一、勤于政务、与民同乐的作风。

上联："心天之心，而宵衣旰食"；下联："乐民之乐，以和性怡情"。

后来，乾隆帝也题写了一副楹联，上联："遹[8]求宁观成，无远弗届"；下联："以对时育物，有那其居"。上联大意是想表达皇帝治国取得了显著的成效，没有影响不到的地方；下联是执政应顺应自然规律办事，圆明园是个让人身心享受的地方。"对时育物"与康熙帝的"畅春"思想一脉相承。

正大光明殿还有两点值得关注。其一是殿内西墙上悬挂的巨幅圆明园鸟瞰图——《大观图》。据图档记载，此图宽约11.28米，高4.48米，画芯尺寸宽10.05米，高2.94米，毁于1860年。该图的损毁让圆明园盛期的真实全貌至今难以完全获知，是一大遗憾。

其二是在大殿后的"寿山"，山开豁口供清帝往返外朝与寝宫，其名取自《论语》名句"知者乐水，仁者乐山；知者动，仁者静；知者乐，仁者寿"，标榜清帝乃国之仁君。乾隆帝在诗中形容"屋后峭石壁立，玉笋嶙峋"[9]，是指山上还有数根高耸的剑石（又称"慧剑"），营造出一种"万笋朝天"的意境，突出皇权至上的统治思想（图3-6）。

[7] 其余的4副"正大光明"匾悬挂在紫禁城乾清宫、景山观德殿、避暑山庄勤政殿等处，分别由顺治、康熙、乾隆和咸丰帝御书。
[8] 音yù。
[9] 乾隆九年《正大光明》诗。

图3-5（清）宫廷画师绘·《平定回疆剿擒逆裔战图》中的正大光明赐宴场景（北京故宫博物院藏）

上元后日小宴廷臣即席得句（节选）

爱新觉罗·弘历　乾隆四十七年（1782）

积素西山近宇晴，需贞启正大光明。

无偏极建福时敛，（正）顺应物来量始宏。

（大）利用国观惟俊，（光）自呈鉴照待群情。

（明）三朝家法传四字，奕叶肯堂奉永清。

（原诗注：乾清宫正大光明匾额为世祖御书，景山观德殿正大光明匾额为皇祖御书，圆明园正大光明殿额为皇考御书，余于热河之勤政殿亦谨遵家法敬书四字悬之殿中。圣训绳承实我国家万年所当奉为法守也。）

图3-6　正大光明殿遗址

第九讲　勤政亲贤：秀木佳荫的办公环境

在这一讲中你将了解到

勤政殿如何体现出"亲贤"的特色？

勤政亲贤景区如何设计了从庄重森严向自然趣味的过渡？

紧邻正大光明景区的东侧，是清代帝王"披省章奏，召对臣工"[1]之所——勤政亲贤，也是全园最繁忙的政务活动中心。西南园墙上专门开设有一个罩门"内左门"，用于各衙门在凌晨递送奏折，因此该门也被称作"奏事门"。圆明园的绝大多数景区之间都被山水分隔，唯独它与正大光明之间以建筑游廊相连，以便皇帝通行时风雨无阻。

主殿是位于西南角的勤政殿，勤政殿的格局和功能沿袭了畅春园的澹宁居，是一个由游廊与主殿围合而成的大型四合院（图3-7）。院外为侍卫处，由垂花门入院后，里面是一个面阔和进深分别约为40米和30米的庭院，并采用了硬质的"海墁"铺地[2]。在这样一个尺度较为舒适的庭院中，皇帝接见群臣时可以保持良好的视角和社交距离，体现了"亲贤"的特色。香山·静宜园的致远斋也有着相似的设计。

勤政殿本身并不豪华，甚至可以用简素一词来形容，它仅有三开间，在平面上接近于一个正方形。主殿的室内被划分为前殿和后

[1] 乾隆九年《勤政亲贤》诗。
[2] 据中国国家图书馆藏样式雷图《飞云轩勤政殿地盘糙样》（002-0021号）。

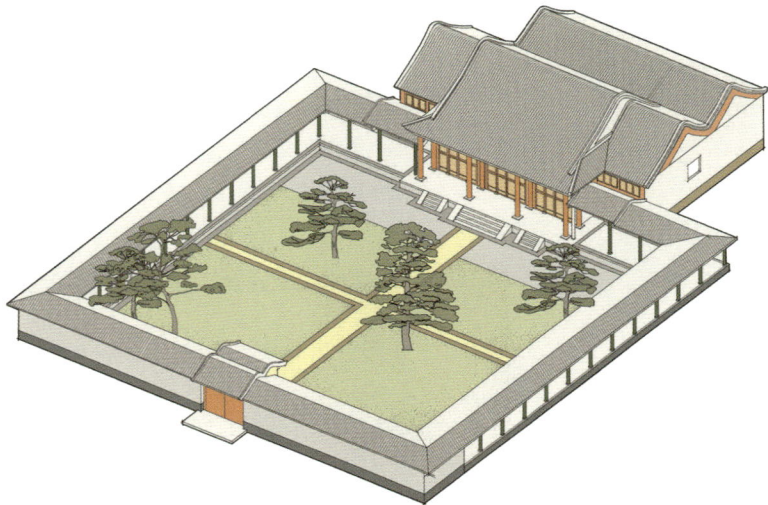

图 3-7　勤政殿及庭院复原示意图

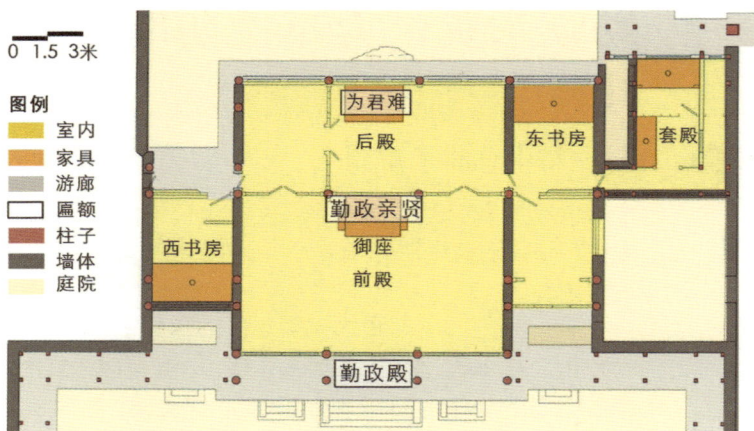

图3-8 勤政殿室内布局复原图（咸丰时期）

殿两个部分，前后之间用碧纱橱隔扇分隔，前大后小。此外，它的左右各出1间耳房作为东、西书房（图3-8）。

　　根据咸丰时期图档的记载，勤政殿的前殿面阔3.7丈、进深2.2丈（约11.8米×7米），皇帝宝座位于正中靠里，上悬"勤政亲贤"的雍正帝御书匾额（图3-9）；后殿虽然在面阔方向与前殿相同，但进深缩小到了1.6丈（约5.1米），同样布置有皇帝宝座，上方悬挂有雍正帝的御书匾额"为君难"，现存多枚同名印玺。一正一反的两副楹联，正面标榜自身，反面为袒露内心。后殿的东西墙壁上，还陈列有乾隆帝御制的《创业守成难易说》和《为君难跋》，不难看出它们与匾额的主题是一致的。

　　东西书房的面积不大，室内设有宝座床，可作为读书或休息的地方。东书房内的"刚健中正"出自《周易》，表露出了皇帝在行事上的一种追求，既要坚强有力，又要恰到好处、不偏不倚，这等同于"君子之时中也"[3]的内涵。

　　打开勤政殿的北窗，造型优美的太湖石假山映入眼帘，上有5组主要的石峰，形成壁山，或许借鉴了"五老峰"的意向。勤政殿

[3] 雍正帝《御制圆明园记》。

图3-9 雍正帝御书"勤政亲贤"匾额（北京故宫养心殿西暖阁悬挂）

与紫禁城的养心殿都是清朝皇帝处理政务时使用频率最高的宫殿。但为了彰显勤俭的风气，位于西郊御园之中的勤政殿无论在格局还是功能上都要简单得多，这里只是一个单纯的办公场所。

　　勤政亲贤景区初建于雍正时期，到乾隆初年进行了较大规模的扩建，并形成了《圆明园四十景图》所示的布局（图3-10）。晚期的图档表明，景区布局几乎没有再发生变化。勤政殿好似略显生硬地"嵌入"了西、中、东三路建筑群的西南角中：西路为飞云轩、四得堂、"秀木佳荫"和"生秋庭"组成的4进院落，中路为"芳碧丛"、保合太和殿和富春楼三座大殿，这两路主要用作清帝办公、用餐和休息；东路的功能比较特殊，是仓库和专门存放皇室丧葬用品的5进院落——吉祥所；在东北角还有一座小院"竹林清响"。

　　乾隆帝在勤政殿东侧添加诸多游赏区域，并特别考虑了这些区域与其他景区的合理衔接。在东西方向上，飞云轩和芳碧丛两座房屋与勤政殿后殿以直线游廊连接；在南北方向上，后殿向北的游廊几乎是通向寝宫的最短路线。三路建筑院落中，唯中路最宽敞，庭院占比也最大，营造了最舒适的户外办公环境。

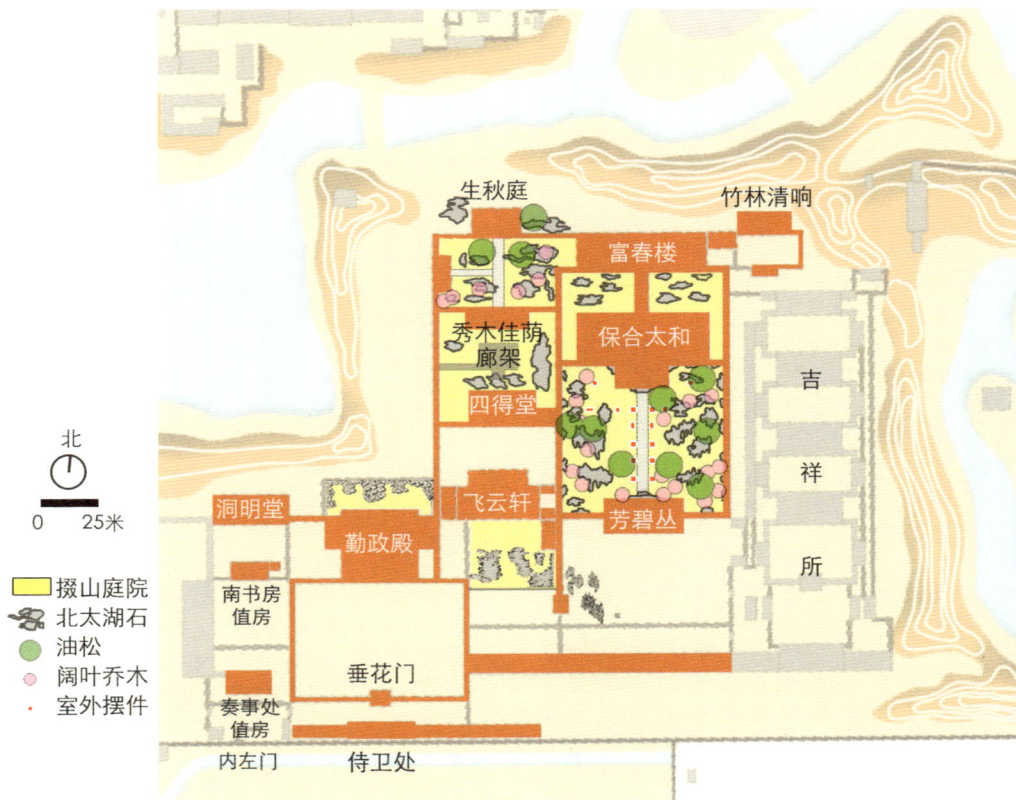

图3-10　勤政亲贤景区的部分花木山石布局平面图

4 乾隆二十四年《芳碧丛歌》。
5 据中国国家图书馆藏样式雷图《南路保合太和（地盘样）》（002-0014-02号）。
6 乾隆九年《勤政亲贤》诗。

芳碧丛是唯一一座敞轩，前"碧"后"芳"，清帝夏季时格外喜爱在此办公，乾隆帝有诗云"夏晓延凉咨政处"[4]。轩前建有竹池，轩后花木繁阴、山石玲珑，植物兼具四季之美：春天有玉兰、梨树和丁香，夏天有凌霄，秋天有楸树和丁香的彩叶，冬天有常绿的松与竹，以及孤置山石、铜瓶、日晷等[5]。这里与狭小、地砖满铺的勤政殿相比更加亲切宜人，正所谓"秀石奇葩，亭轩明敞，观阁相交，林径四达"[6]（图3-11）。中路的九开间主殿"保合太和"之名语出《周易》，意思是行事做人符合自然规律，无过头或不及，让事物保持在最佳状态。殿内还有清帝自勉的匾额，如"自强不息""天君淡寂"。

再看西路其他部分园林的特点。建筑向北逐渐变小，飞云轩五开间、后出抱厦，最后一进的生秋庭（文献中又称"生秋亭"）仅为三开间小屋，只在西侧添加了3间小配殿，显得小巧灵动，特别是院落内的山石树池、与山石结合的木花架以及种类丰富的地被，多种组合显示出由庄重森严向自然趣味的过渡。

根据唯一一幅详细描绘生秋庭的绘画推断（图3-12），如果绘画真实，庭院中至少栽植有高杆油松、梧桐、碧桃，以及秋海棠、

图3-11 （清）唐岱、沈源 绘·《圆明园四十景图咏》之《勤政亲贤》

图 3-12 （清）沈源 绘・《十二禁禦景图》之《夷则清商图》描绘的生秋庭（台北故宫博物院藏）

玉簪、鸡冠花、萱草几种花卉。在功能上，二进院中的"怀清芬"常是乾隆帝进早膳与办公的地方，档案中多次记载他先来此殿"进早膳，办事毕"[7]，才去勤政殿引见大臣。乾隆帝 80 岁时（即乾隆五十五年，1790）将此殿更名为"四得"，即得位、得禄、得名、得寿，说明他认为自己是"四得"之人。此外，生秋庭会在夏至、秋分时举办一些小型的祭祀活动。

　　总结来看，勤政亲贤景区从景点命名和造景上都兼具四季之美，春有"富春楼""芳碧丛"，夏有"秀木佳荫"，秋有"生秋庭"，冬有"竹林清响"，这或许延续了已消失的雍正时期"四宜堂"的意境。四时变化是最基本的自然规律，也是主殿"保合太和"的中心思想，这种布局体现出清帝在造园中寄托的执政理念。目前在空旷且无异于普通公园的遗址上，这些文化和意境都已经消失得毫无踪迹了。

7　乾隆二十一年（1756）《穿戴档》四月二十三日记录。

第十讲 山高水长：森林之中的骑射演武

在这一讲中你将了解到

山高水长景区如何体现了景象与立意的高度契合？
如何评价清军的武器装备水准？

"山高水长"一词出自唐代李白的《上阳台帖》（原文为"山高水长，物象千万，非有老笔，清壮何穷"），被后人引申出品德高尚和声誉流传久远的意义。此景位于圆明园西南部的开敞地带，主建筑在雍正时初名"引见楼"，意为接见大臣或外宾的楼阁。整个景区的布局可以随活动功能的需要而灵活调整。这里既是一座骑射演武场，又是节庆活动的室外表演场地，有时还能作为祈雨场地。乾隆九年（1744）的御制诗"时观君子德，式命上宾筵"[1] 正是对此生动的描述，其中的"君子德"正是指射箭。

登上这座面阔九开间的二层楼阁，乾隆帝曾发出"远岫堆鬟，近郊错绣，旷如也"的感叹。高山在哪里？即远处的西山；长河在哪里？即引水入园的南北向长河。虽然山水实景具备，但他更想表达的是对于满族文化的深刻认同。

这片场地既非一片空场，也不是像《圆明园四十景图》描绘的那样稀疏地栽植有旱柳和桃花。根据道光时期的多幅图档可以判断，这里曾建有一条73丈（约233.6米）的斜向跑马道和三个骑射靶子作为重要的演武设施，马道背后则是一片茂密的丛林[2]，林中还堆筑有几座小土山，这些景物的搭配似乎是在微缩和模拟满洲先祖赖以栖居的森林与河流（图3-13）。众所周知，位于我国东北地区的满

[1] 乾隆九年（1744）《山高水长》诗。
[2] 据中国国家图书馆藏样式雷图《山高水长马道地盘准底》（018-0009号）。《圆明园四十景图》虽描绘为旱柳与桃树，但根据乾隆帝题诗《种松》推测也种植了常绿植物。

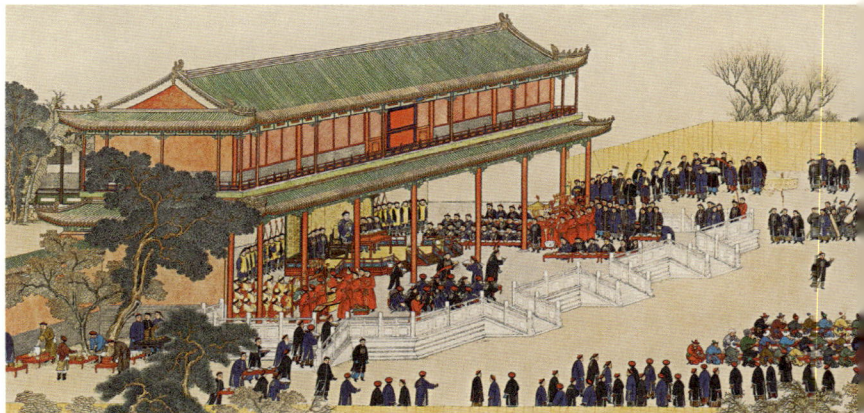

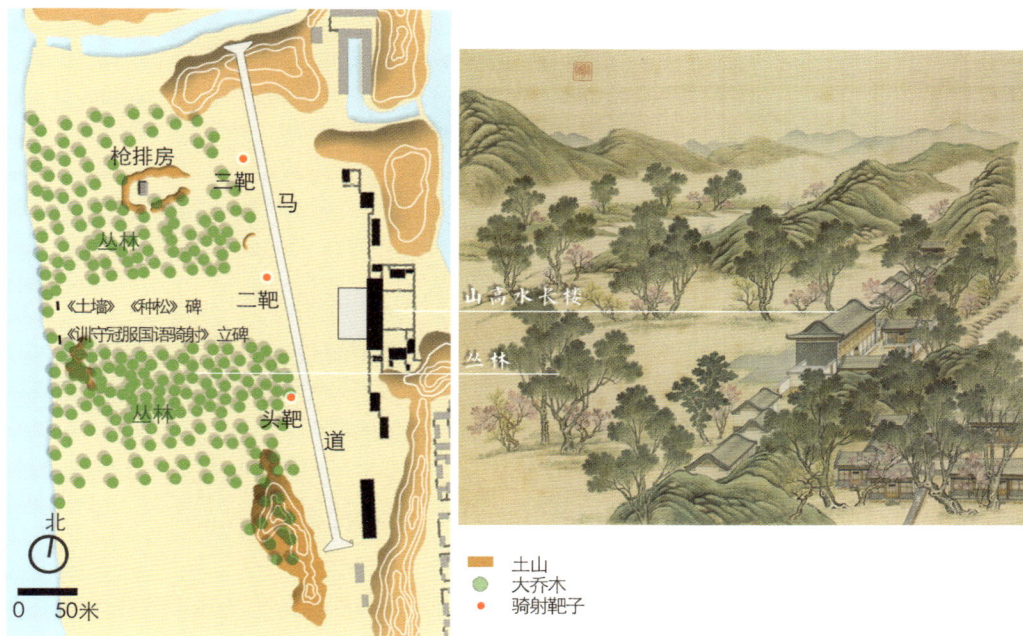

土山
大乔木
骑射靶子

图3-13 山高水长骑射演武区的布局复原图（道咸时期）

族并非游牧民族，而是主要依靠渔猎生活。阎崇年先生认为"渔猎经济以狩猎、捕鱼、采集并重，且定居不迁徙，乃至贡品都是渔猎的收获物或其制品，所以不能归入草原文化类型"，并且"森林文化祭祀的主神是大木，是森林"[3]。

就满族文化与山高水长景区的关联而言，一块刊刻着《训守冠服国语骑射》上谕的石立碑值得关注。乾隆十七年（1752），它被安放在山高水长主楼西侧的空地之上，刻有同样内容的石碑还被安放在紫禁城的箭亭、西苑北海的侍卫教场和中海紫光阁的八旗校场，

[3] 阎崇年：《森林帝国》，生活·读书·新知三联书店，2018，第31页和37页。

图3-14（清）姚文瀚绘·《紫光阁赐宴图》（局部）（北京故宫博物院藏）

> "俾我后世子孙臣庶咸知满洲旧制，敬谨遵循，学习骑射，娴熟国语，敦崇淳朴，屏去浮华，毋或稍有怠惰，式克钦承彝训，冀亿万子孙共享无疆之麻焉。"
>
> ——节选自《训守冠服国语骑射》上谕碑正面，乾隆十七年（1752）

可见乾隆帝的良苦用心。

清帝如此安排，正是以可视、可感的方式传达祖训，告诫子孙绝不能忘记满洲的骑射、衣冠、语言和习俗，否则会有亡国的危险。虽然箭亭和紫光阁前广场也能够开展一定规模的活动（图3-14），但圆明园无疑从环境和立意上都更加契合。

不过，到了乾隆帝之孙道光帝在位时，清军的战斗力严重退化，他曾在山高水长检阅马枪马箭的演习后十分不满，在上谕中表示："该管营大臣僧格林沁、哈哴阿、中山、巴清德、扎勒罕泰均著交部议处，所有马枪马箭生疏之兵丁著交该王大臣等严行责惩。"[4]

清军并非全部装备冷兵器。乾隆帝曾有诗记载了一种名为"虎神枪"的火器："苑西五尺墙，筑土卌年矣。昔习虎神枪，每尝临莅此。（诗注：习枪苑中，远筑土墙，以遮枪子，恐伤人也。）"[5]这种"虎神枪"是一种制作精细、性能优良的火绳枪，全长约1.4米，重量约为12.2斤（图3-15）。这种火枪的威力较大，乾隆帝还特意命人在山高

[4] 道光二十五年（1845）正月二十日上谕。
[5] 乾隆五十二年（1787）《土墙》诗。

图3-15 乾隆帝御用虎神枪（北京故宫博物院藏）

土墙一首

爱新觉罗·弘历 乾隆五十二年（1787）
苑西五尺墙，筑土卅年矣。
昔习虎神枪，每尝临莅此。

（**原诗注**：习枪苑中，远筑土墙，以遮枪子，恐伤人也。）

木兰毙于菟，不一盖已屡。
土墙久弗试，数典忍忘尔。
得新毋弃旧，可以通诸理。

种松戏题

爱新觉罗·弘历 乾隆五十二年（1787）
清明时节宜种树，拱把稚松培植看。
欲速成非关插柳[①]，挹清芬亦异滋兰。
育材自合求贞干，絜矩因之思任官，
待百十年讵云远，童童应备后人观。

（**原诗注**：①柳最易活，折枝插地即成根，亦易长，种树十年计盖谓此；若松柏二三十年尚不入观也。）

水长的西侧砌筑了一堵高0.5丈（约1.65米）的土墙，以防止流弹伤人。不过，这种枪支的性能虽好，但因成本较高而无法大规模地装备于部队之中，于是它只能作为宫廷中的御用"玩物"了。

在道光二十五年（1845），跑马道的西侧空地上还加建了一座小型的"枪排房"，可能是用于存储枪支的临时库房。小房子由土山包围，其意图很可能是不希望将房子暴露在场地之上。

鸟枪、抬枪等火器虽在清军部队中得以应用，连皇帝本人都可能亲自学习使用。但问题是直到19世纪鸦片战争时，英军的火炮已经十分强大，而清军仍处在冷热兵器混用的阶段。更为致命的是，清军使用的火器既有自行研制的火铳、鸟枪等，又有仿制老式的洋枪洋炮，但在外形、点火装置、射程、质量乃至火药等方面均存在着严重的缺陷，根本无法与英军的装备抗衡。

第十一讲 鸿慈永祜：仪式丰富的祖先祭拜

在这一讲中你将了解到

皇帝前往安佑宫祭祖时会连续看到哪些景象？

安佑宫殿内如何供奉大清先祖？

圆明园中宗教建筑多样，祭祀活动繁多，但安佑宫祭祖无疑是皇家的首要祭祀活动。以乾隆四十八年（1783）正月十五日为例，皇帝在卯初（凌晨5点）就来到安佑宫"供元宵"；其他如七月十五日中元节这样的日子，皇帝也会来此"磕头"。安佑宫的祭祀活动，体现了崇祖思想，它满足了大清先祖在西北的乾位长久护佑着帝国和园中的皇室家族的心理期待。

安佑宫（即"鸿慈永祜"景区的主建筑）主体为双重、高大的朱红宫墙及殿宇，似乎与圆明园的其他景区格格不入。不过在外部环境的布局上，宫殿外的这一段路径似乎是设计者有意为之，利用甬路、地形、植物和建筑小品共同构成了游览序列，四周由土山和植物围合，让安佑宫显得不那么突兀。

从南端码头至北端的正殿，整个景区大致被划分为7个部分。从南北向的距离上看，1到5号的园林前导空间接近于6和7号的建筑群，让祭祀的过程富有"仪式感"（图3-16）。（1）码头及山口——（2）龙凤门及四尊华表——（3）月河及石拱桥前——（4）三面牌楼——（5）月河及石拱桥前——（6）安佑门前——（7）安佑宫。

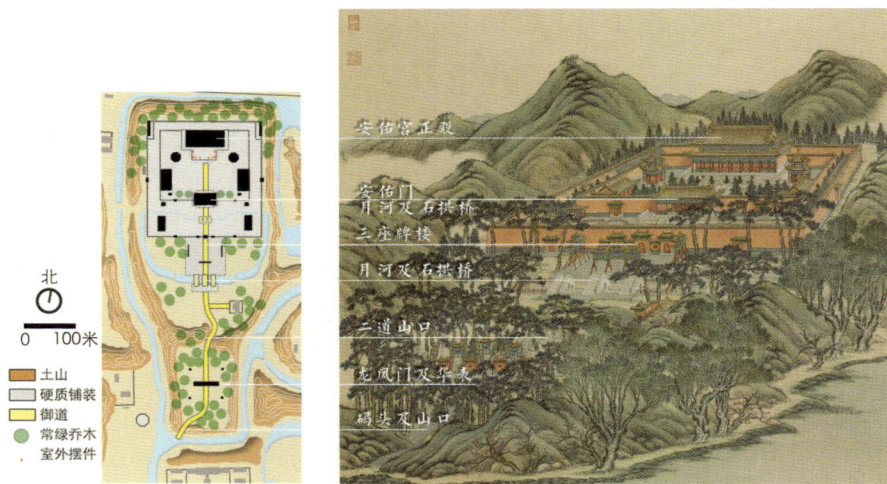

北

0　　　100米

土山
硬质铺装
御道
常绿乔木
室外摆件

安佑宫正殿
安佑门
月河及石拱桥
三座牌楼
月河及石拱桥
二道山口
龙凤门及华表
码头及山口

图3-16 安佑宫由外到内的祭祀空间序列

1 音kǎi。
2 据中国国家图书馆藏样
式雷图档《安佑宫图样》
（035-0003-01号）上的记载
推断。

我们不妨想象一下：祭拜者从南端码头上岸后（此处无桥梁与外部连接），从山口进入第二个区域，中央耸立着"龙凤门"式的琉璃牌坊，四角矗立着两对汉白玉华表（图3-17）。牌坊正中的匾额点明了景区的主题名称"鸿慈永祜"，背面为"燕翼长诒"，寓意祖先的恩慈能够长久地护佑子孙，这里被高大的油松所遮蔽。穿过牌坊后，再经蜿蜒的御路出山口，抵达月河及三座汉白玉石桥，渡桥后则正式抵达首道宫墙。南入口采用三面牌楼围合，上面有"羹墙忾[1]慕""勋华式焕"和"德配清宁"等赞颂先祖功德的牌匾。

作为圆明园中规模最大的祭祀建筑，景区正殿安佑宫是一座九开间的巨大宫殿，面阔约44.32米（13.85丈），进深约19.84米（6.2丈），建筑面积879平方米，是仿太庙而建。它的屋顶样式在早期为重檐歇山顶，后期疑被改为重檐庑殿顶，上覆黄色琉璃瓦[2]，可见级别之高。

在大殿的最内侧，每个开间又被划分为供奉先帝神龛的小空间。至咸丰时期被焚时，共有5位皇帝的神位被安奉在此。明间（正中的开间）为康熙帝，东、西次间为雍正和乾隆帝，东、西稍间为嘉庆和道光帝。神龛内不仅供奉有"圣容"（即画像），悬挂着赞颂功绩的匾额，连饮食、书籍、文房用品、灯具等供品都一应俱全，仿佛先帝神灵在此生活。神龛的小门外摆放着宝椅、供案和晏桌，仿佛是用于"接见"前来祭拜的子孙（图3-18）。

值得一提的是，安佑宫的"姊妹建筑"景山寿皇殿，无论是主

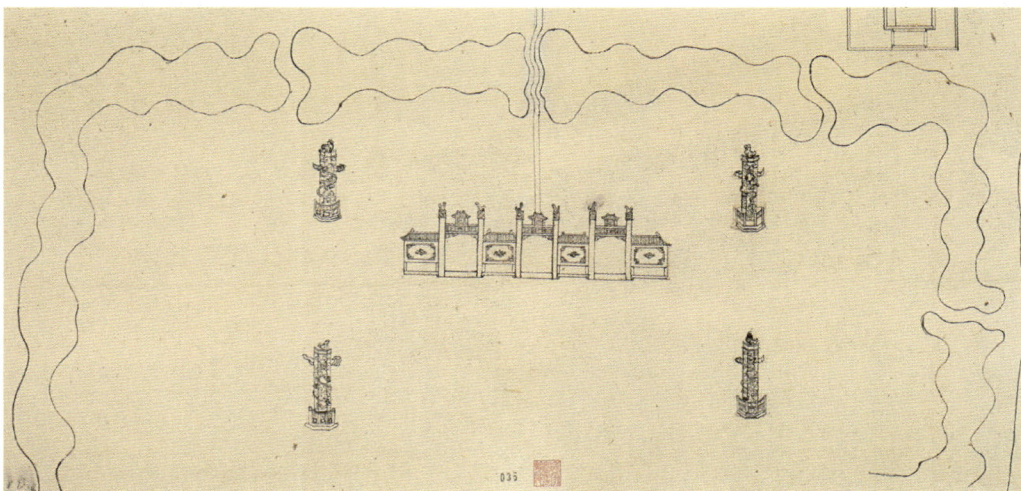

图3-17（清）样式雷 绘·《安佑宫准底》中的龙凤门与华表（中国国家图书馆藏）

图例
室内　前廊
家具　匾额
柱子

道参化育　慕申尊养　音容俨在　陟降在兹　仁敷九有

0　2　4米

宝椅
足踏

五供
踏跺

晏桌

中和
韶乐

中和
韶乐

1 搁灯　2 挑杆灯　3 圣容　4 供桌　5 踏跺
6 供案　7 书格　8 架几案　9 匣案

图3-18　安佑宫殿内布局复原图（根据中国国家图书馆藏035-0004-02号样式雷图档改绘）

建筑格局还是殿内陈设，与安佑宫都较为相似，只是缺少了园林环境的烘托[3]（图3-19、图3-20）。另据档案记载，大殿内的东西两侧陈设有大量乐器，清帝祭祀时应有神职人员演奏中和韶乐[4]。从管

[3] 景山原有寿皇殿，但规格较低，乾隆十四年（1749）时按照安佑宫的规制在景山正北侧重建寿皇殿，参见乾隆帝《重建寿皇殿碑记》。寿皇殿神龛外的陈设与安佑宫不同，为悬挂画像的屏风与供桌。
[4] 明清时期的一种专门用于朝会、祭祀和宴会的代表性的皇家音乐。

图3-19　景山寿皇殿及东西的重檐八角碑亭

"圆明园安佑宫，大殿九室，中龛恭悬圣祖仁皇帝（即康熙帝）圣容，前设一案，供奉圣祖仁皇帝孝恭仁皇后（即清世宗的生母乌雅氏）神牌，左龛恭悬世宗宪皇帝（即雍正帝）圣容，右龛恭悬高宗纯皇帝（即乾隆帝）圣容。

每位圣容龛旁几案，皆陈设彝器、书册及佩用服物，合设中和韶乐一分，左金钟一、琴五、瑟二、笙五、笛五、箫五、篪三、埙一、排箫一、麾幡二、大鼓一、搏拊一、祝一、镈钟一、右玉磬一、琴五、瑟二、笙五、笛五、箫五、篪三、埙一、排箫一、搏拊一、敔一、特磬一。"

——引自《清会典事例》《内务府》之《祀典》

理的档案中也能看出皇家对恭奉祖先的重视："安佑宫温供茶，每日用黑炭五斤、煤十斤；坐更一处，每年自十一月初一日起至次年正月三十日止，每日用黑炭五斤、木柴十斤"[5]，说明有专人为祖先预备茶水。

5 引自《钦定总管内务府现行则例　圆明园卷一》。

图3-20（法）谢满禄 摄·1882年前后的安佑宫墙内景象（引自《西洋镜下的三山五园》）

今日宜逛园

圆明园里的日常

第四卷

豫游篇

◆ [专题6] 圆明园的皇家节令游赏

在满足"居园"和"理政"两类基本功能的空间，还有大范围的风景游赏区。这些区域的主题富有想象力，造景手法高超且多样，清帝光临的频率也各有不同。实际上，这些区域同样承载了宫廷生活中相当重要的部分。依据有限的档案，我们以时间为线索，以年为单位，初步梳理出圆明园中规律性举办的主要活动，并且将这些活动的场地标注在平面图上。

芰荷香（多稼如云）
赏荷（六月——帝同大臣、皇太后及众皇子至此观赏荷花

月地云居、舍卫城
浴佛节（四月初八）
佛节又称佛诞日，是释迦牟佛的诞辰，当日舍卫城举办佛会，皇帝前往拜佛

安佑宫、佛楼、长春园等处
上元节（正月十五）——祭祀上香

安佑宫、慈云普护、长春园等处
中元节（七月十五）——祭祀、拜佛

安佑宫、慈云普护、长春园等处
中秋节（八月十五）——拜佛

汇万总春之庙
花朝节（二月十二）
——皇帝遣官至此祭祀上香
（该庙乾隆三十五年建成）

山高水长
上元节（正月十三至十九）
——赐王公大臣、朝正外藩、后妃等宴，看摔跤、焰火、舞灯表演。

演耕（清明前后）
——体观固本重农（乾隆时期）

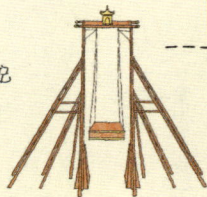

┃ 并非圆明园中固定节日活动，在乾隆时期档案中仅出现过几次，演耕在西苑丰泽园是固定活动，因此圆明园的活动可能是补充。

九州清晏
玉皇大帝诞辰（正月初九）——祭祀上香
上元节（正月十五）——供元宵

上下天光
中秋节（八月十五）——奉皇太后赏月、设宴、看戏（道光时期）

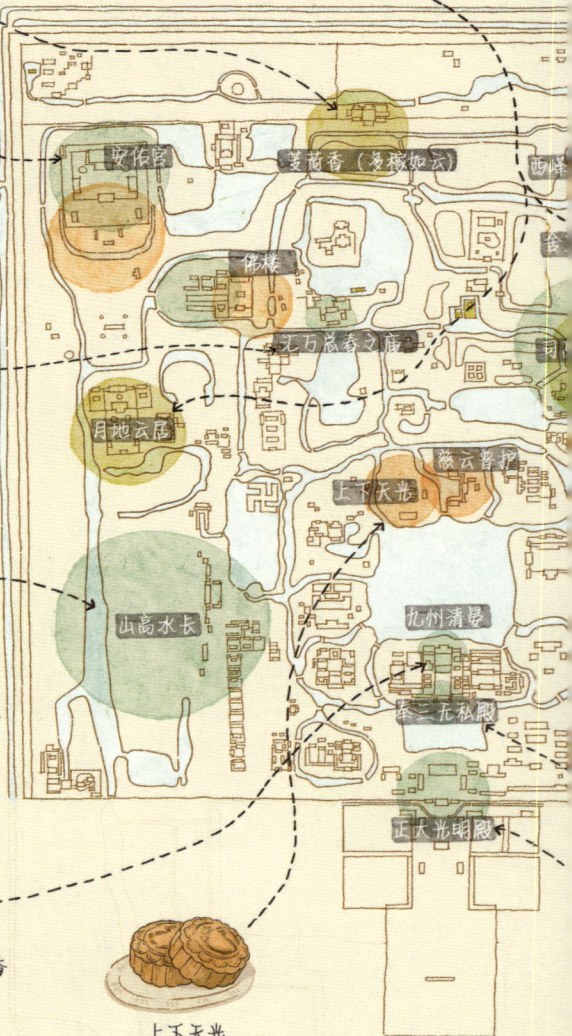

同乐园
上元节 （正月十三至十九）——看大戏、舞
灯、逛买卖街
端午节 （五月初一至初五）——上演应节戏
中秋节 （八月十五）——赏月听戏、吃月饼

西峰秀色
乞巧节（七月初七）——举行乞巧宴，祭祀上香、看戏

长春园西洋楼
中秋节（八月十五）——在此举行迷宫游戏（乾隆时期）（传）

两峰插云（平湖秋月）
重阳节（九月初九）——登高、赏菊

福海
中元节（七月七前后几日）
——乘船观看放河灯

福海、望瀛洲、蓬岛瑶台
端午节 （五月初一至初五）
——率王公大臣等在望瀛洲看斗龙舟，后宫女眷则
在蓬岛瑶台观看
——在望瀛洲亭中表演小型曲艺、杂技、戏法等

广育宫
碧霞元君诞辰（四月十八）
——碧霞元君是道教中庇佑众生，
照察善恶的女神，乾隆皇帝同皇太
后至此祭祀上香观看皇会

奉三无私殿
上元节 （正月十四）
——赐皇子、皇孙、诸王等宴

正大光明殿
上元节 （正月十三至十九）
——抆蟹山（即在白日燃放烟火庆祝）
上元节 （正月十六）
——赐大学士、尚书等宴

● 正月到三月主要节令活动发生地
● 四月到六月主要节令活动发生地
● 七月到九月主要节令活动发生地

第十二讲 乾隆皇帝的游园喜好

在这一讲中你将了解到

皇帝最常选择哪种交通工具前往园中各景区？

乾隆皇帝在元宵节与祭祀日如何度过充实的一天？

皇帝的游园路径并不是寝宫与目的景区之间的"两点一线"，而是具有很强的灵活性。他们依靠园中便捷的水上和陆上交通，可以按照惯例或是个人喜好连续游览三园的诸多景点。为了复原更多的历史细节，我们以乾隆时期某年的《穿戴档》为主要依据，结合景区布局与他当年创作的诗文进行综合分析，并将他的游园路线大致归纳为以下三种类型。

典型路线 1：元宵节期间

皇帝游园路线：大宫门—长春仙馆—九州清晏—同乐园—双鹤斋—同乐园—九州清晏—山高水长—十字亭—同乐园—九州清晏（图4-1）。

正月的园居日程几乎被历时长久的元宵节活动占满。这一时段皇帝在圆明园中的行程与平日差异较大，乾隆帝会抓住一年中难得的空闲时间，从早膳一直到晚膳整日待在同乐园，或者前往九州清晏、同乐园和山高水长三个景区参加各种活动；他还会把母亲从畅春园请到圆明园的长春仙馆居住，通常他会提前到达同乐园并在附近游赏，随后到码头接皇太后一起用早膳。

乾隆二十一年（1756）的正月十三日，刚刚从紫禁城赶回来的乾隆帝先到长春仙馆向皇太后请安，随后到九州清晏稍作休息，到后码头乘坐冰床，前往同乐园用晚膳（图4-2）。饭后他会前往平日少有光顾的双鹤斋（廓然大公景区）等处转一转，直至同乐园灯会开始。灯会结束后，他又回到九州清晏稍坐，随后赶往山高水长与王公大臣一起观看摔跤和焰火表演。活动结束后，他再次从十字亭码头回到同乐园码头，直到深夜才乘轿返回九州清晏休息。

相似路线

1. 九州清晏—正大光明殿—勤政殿—同乐园—双鹤斋—九州清

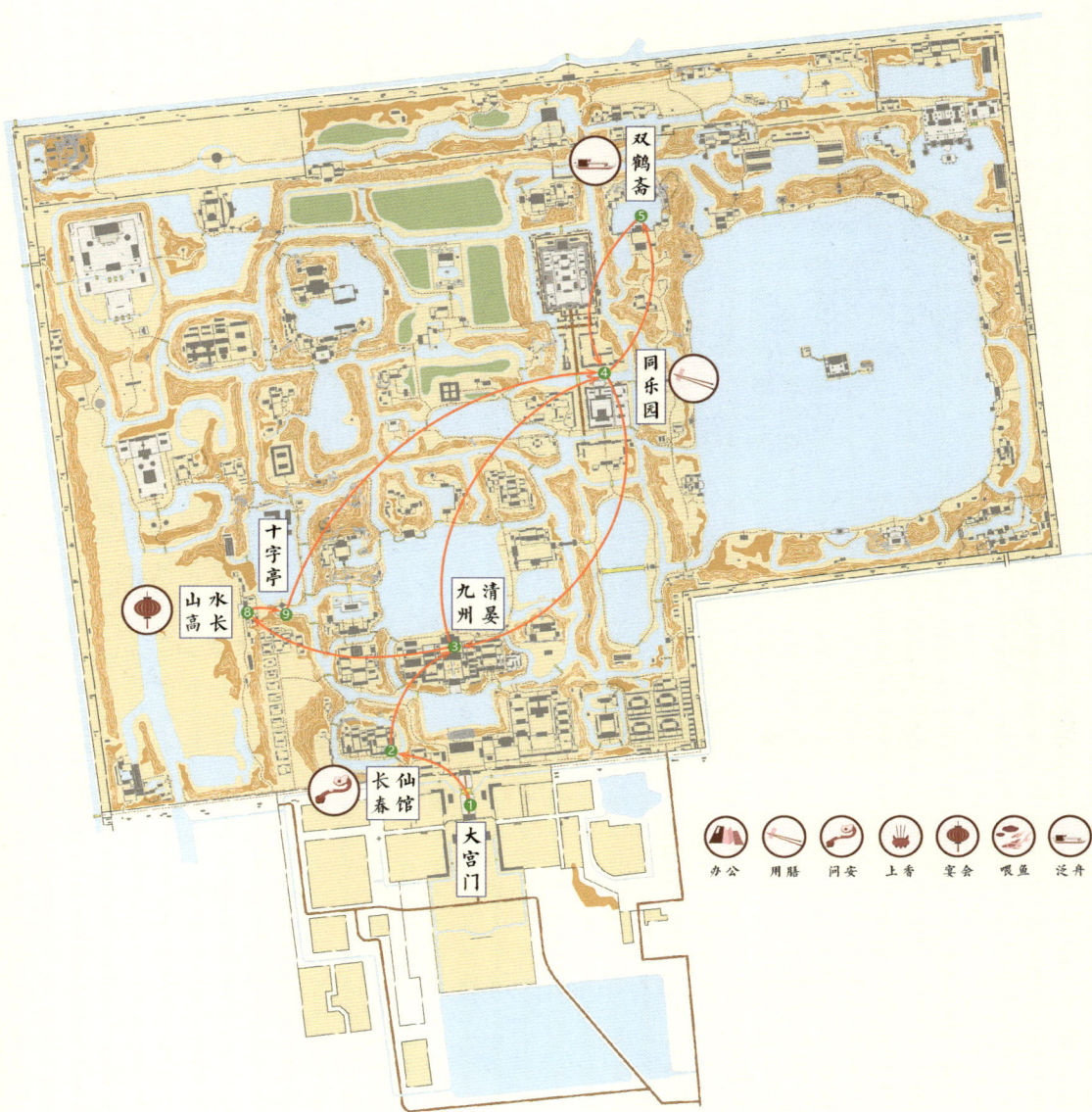

图4-1　乾隆皇帝的典型游园路线之一

晏—山高水长—十字亭码头—同乐园码头—九州清晏（如乾隆二十一年正月十九日）；

　　2.九州清晏—勤政殿—同乐园—九州清晏（如乾隆二十一年正月二十三日）；

　　3.九州清晏—长春仙馆—"前园"（即畅春园）—正大光明殿—勤政殿—万寿山—九州清晏（如乾隆二十一年正月二十八日，当天送皇太后回到畅春园居住）。

图4-2（清）宫廷画师·《冰嬉图》中的乾隆帝御用冰床（北京故宫博物院藏）

典型路线2：偶有游园的办公生活

　　皇帝游园路线：九州清晏—怀清芬—勤政殿—金鱼池—九州清晏—福海景区—东园（即长春园）—同乐园—九州清晏（如乾隆二十一年六月二十三日）（图4-3）。

　　在没有重大活动的日子里，乾隆帝也会在圆明园中度过充实的一天。他往往早晨在勤政亲贤用早膳并处理政务，园内及长春园的游赏活动穿插在一天的其余时间中。

　　忙碌的一天从早上开始，太监已在勤政殿以北的"怀清芬"预备好了早膳。办事和引见群臣之后，乾隆帝更换服饰，前往金鱼池（坦坦荡荡景区）喂鱼，再回到九州清晏稍作休息。之后便开始了自在的游览，他从后码头乘船经过福海景区到达长春园，有时还会额外安排打鱼活动。

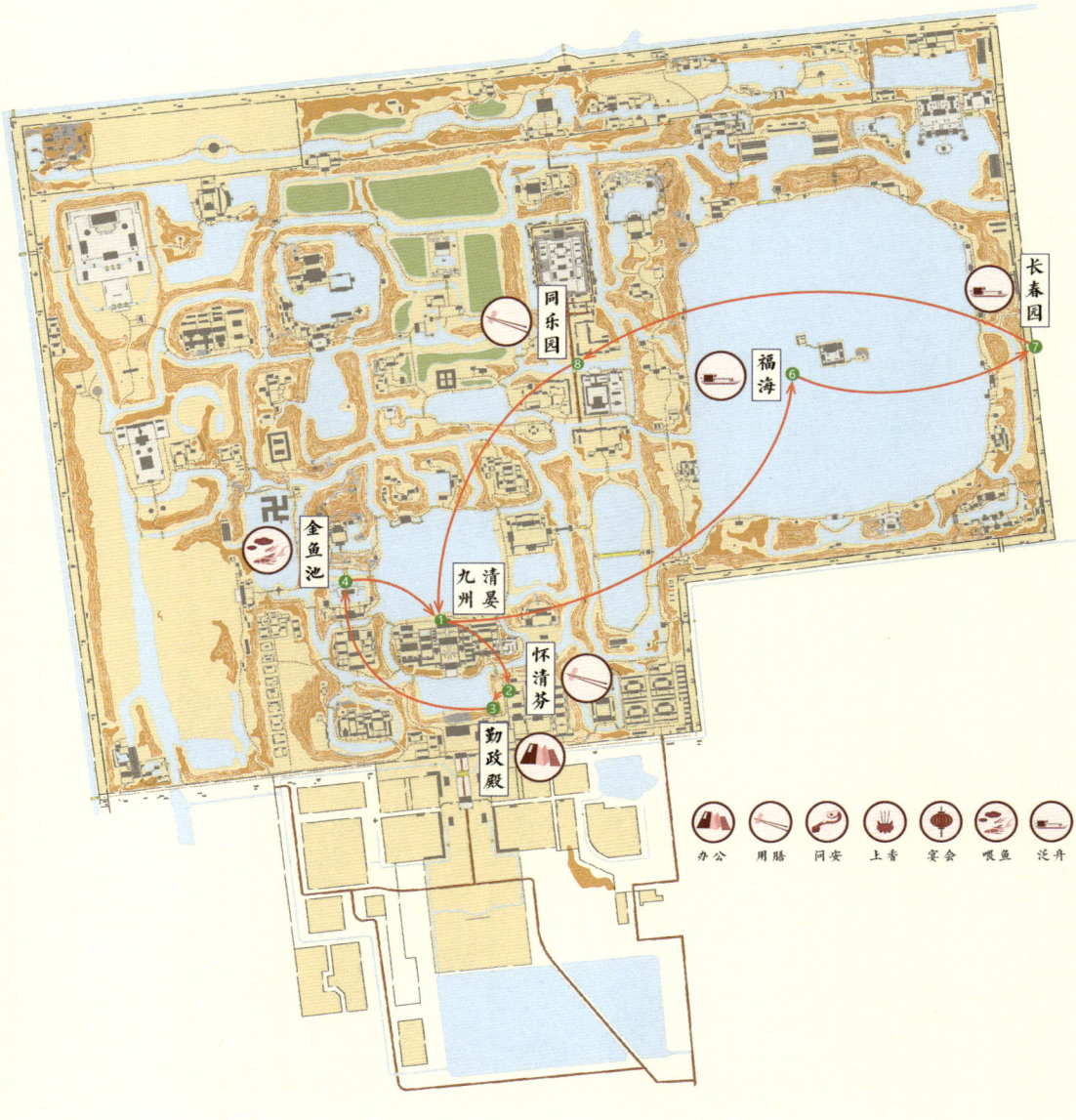

图4-3 乾隆皇帝的典型游园路线之二

福海景区中的蓬岛瑶台、方壶胜境、秀清村（别有洞天景区）等处都是他经常光顾的地点（图4-4）。晚饭安排在同乐园，有时他也在此处沐浴更衣。在饭后的悠闲时光中，他乘着小船到处游赏，根据心情题上一两首诗，最后回到九州清晏休息。如果回程经过如意馆，他有时还会亲自指导宫廷画师们进行艺术创作。

图4-4（清）周鲲 绘·《林钟盛夏图》中的福海御舟（台北故宫博物院藏）

打鱼

爱新觉罗·弘历　乾隆二十一年（1756）

打鱼本意去鲇鳢，为其食鱼暴不已。

大罟小网毕技求，鲦鳝鲤鲩出波死。

鲇鳢百不一二获，是谓非爱害之耳。

世事宁无亦若斯，絜矩吾将慎厥始。

《林钟盛夏图》上的乾隆帝御笔题诗：

月宇兰漪暑气藏，轻舟偶泛晚风凉。

不知今夕是何夕，可爱天光接水光。

蝉有清音宜静境，荷无艳味祇真香。

鸥汀鹭渚萦廻处，间出渔歌引兴长。

月夜泛舟之作。

画上印玺：（自上至下，自右至左）石渠宝笈、宝笈三编，携笔流云藻、乾隆宸瀚、嘉庆御览之宝、宣统御览之宝，乾隆御览之宝，三希堂精鉴玺、宜子孙，嘉庆鉴赏，周鲲、恭画。

收藏著录：《石渠宝笈三编》

相似路线

1.九州清晏—怀清芬—勤政殿—金鱼池—九州清晏—秀清村—如意馆—九州清晏（如乾隆二十一年四月初五日）；

2.九州清晏—怀清芬—勤政殿—金鱼池—九州清晏—蓬岛瑶台—长春园—九州清晏（如乾隆二十一年四月二十八日）；

3.九州清晏—怀清芬—同乐园—长春园—九州清晏（乘船游湖）（如乾隆二十一年八月初七日）。

典型路线3：初一和十五的祭祀日

皇帝游园路线：九州清晏—慈云普护—万方安和—清净地—佛楼—舍卫城—同乐园—勤政殿—广育宫—长春园—九州清晏（如乾隆二十一年七月初一日）（图4-5）。

无论是民间还是宫廷，每个月的初一和十五都是重要的祭祀日，七月十五日的中元节、八月十五日的中秋节尤为重要。在这些日子

图4-5 乾隆皇帝的典型游园路线之三

里，皇帝一大早就往来于圆明园中的各大寺庙祭祀神佛，之后才是办公时间。

　　一般在祭祀日中，乾隆帝先从九州清晏乘船抵达慈云普护拜佛，再到万方安和的码头换乘轿子，依次抵达清净地（月地云居景区）、佛楼（日天琳宇景区）、舍卫城拜佛，然后到同乐园用早膳。饭后，他再乘船前往勤政殿办事和引见大臣。不过，这一天的祭祀才刚刚进行了半数，此后他还会到福海景区的广育宫（夹镜鸣琴景区）和长春园内的多处寺庙中拜佛，最后返回九州清晏休息。

中元节的祭祀活动数量为一年之最，当天既是汉族祭祀先人的节日，也是佛教中的"盂兰盆节"，皇帝在圆明园中至少需要依次前往9处庙宇拜佛及磕头。忙碌了一天后，乾隆帝在晚上欣赏圆明园水面上的河灯、法船（一种用于焚烧祭祀的纸船），也算是一种放松了。至于其他的节日，皇帝通常不会在一天内奔波于这么多地点，但会参加一些小规模的祭祀活动，如正月十五供元宵、八月十五月供前拈香。

相似路线

1. 九州清晏—慈云普护—万方安和—清净地—佛楼—舍卫城—同乐园—勤政殿—广育宫—长春园等处—山高水长—金鱼池—九州清晏（如乾隆二十一年六月初一日）；

2. 九州清晏—慈云普护—万方安和—清净地—安佑宫—佛楼—舍卫城—西峰秀色—蕊珠宫—长春园思永斋等处—广育宫—勤政殿—同乐园—九州清晏—佛楼—古香斋（长春仙馆）—九州清晏（如乾隆二十一年七月十五日，中元节）；

3. 九州清晏—慈云普护—万方安和—佛楼—舍卫城—同乐园—勤政殿—同乐园—九州清晏（如乾隆二十一年八月十五日，中秋节）。

文化和艺术品位极高的乾隆帝游赏园林，绝非漫无目的地"闲逛"。乾隆帝能够随时随地在纸片上用潦草的小字作出风景诗，随后由专人负责誊写（可能会再经修改）并汇编成册，或由清帝亲自撰写（或由臣工代笔）为书法作品或题于宫廷绘画，用于制匾、装裱或用于制作瓷器、玉器等陈设物件。乾隆帝还经常在圆明园殿宇内的墙壁上创作诗文，池上居、奉三无私殿（九州清晏景区）、飞云轩（勤政亲贤景区）、古香斋（长春仙馆景区）、文源阁、知过堂（濂溪乐处景区）等，都常常是他诗兴大发的场所，甚至殿宇的整面墙都被题满了诗。当地方不够用时，他还要命人另做牌匾（指飞云轩），如在池上居感叹道："历观题壁多愁者，何幸拈毫值若时。"[1]

[1] 乾隆六十年（1795）《池上居》诗。

[2] 据档案记载，这些御舟各有匾额题名，包括翔凤艇、镜中游、月波舻、如坐天上、瀛海飞龙等。

乾隆帝日理万机，竟然还可以将自己的居园生活安排得如此丰富。据统计，乾隆二十一年（1756）他有80余天完全“宅”在圆明园内，除了偶尔去往长春园“游行”或拜佛外，理事、引见等活动全部都在圆明园内进行。由此可见，圆明园的功能布局完全满足了皇室日常活动的需求，舟游是最为重要的交通方式，圆明园中的大小船坞和两百多艘各种船舫都是有力的佐证[2]（图4-6）。当然，即便圆明园内景象万千，他也并非每天都要饱览风光，有时候他的活动就比较简单。例如乾隆二十一年四月二十日的日程为：怀清芬（进早膳）—勤政殿（办事、引见）—九州清晏（进晚膳）—金鱼池（喂鱼、乘船游行）—九州清晏（休息）。

有趣的是，乾隆帝酷爱到金鱼池（坦坦荡荡）喂鱼：在岸边、在船上；早膳前、理事后、射箭后、游行后、游湖时、晚膳前……甚至在外出且行程很紧张时，他也会从藻园门回到圆明园，直接乘船前往金鱼池喂鱼。

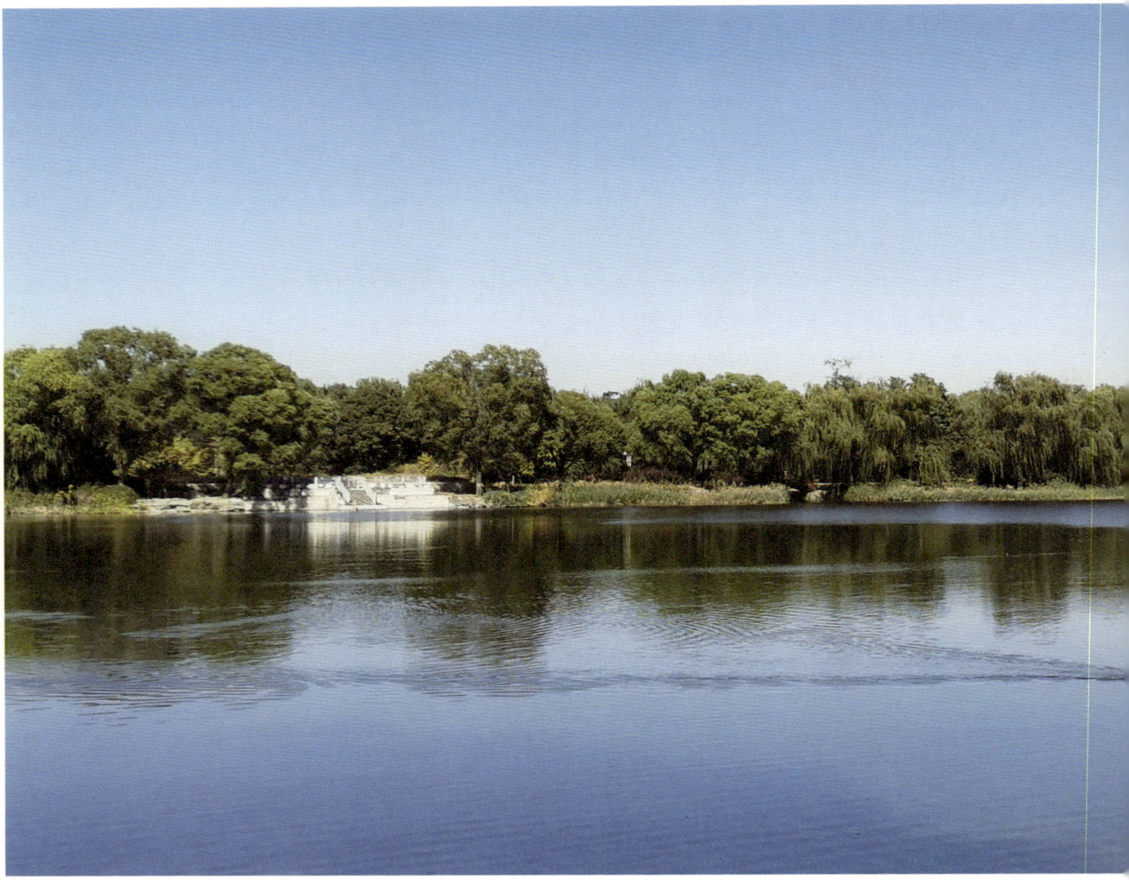

图4-6（清）样式雷 绘·《月波舻立样准底》（中国国家图书馆藏）

图4-7 初秋后湖九州景区

第十三讲 逛街听戏的同乐之园

⬥ **在这一讲中你将了解到**

圆明园的买卖街有哪些商铺与商品？

清宫中有哪些外观相似的大戏楼？

　　"人有乐，君共之；君有乐，人庆之，可谓同乐矣。"——《新唐书·魏元忠传》

　　与民同乐是帝王的美好愿景，处理繁重的政务之余，他们也需要适当放松。雍正帝将圆明园的宫廷娱乐中心命名为"同乐园"。此处作为听戏、观灯甚至是逛街等活动的场所，在节庆时呈现出一派

图4-8（清）唐岱、沈源 绘·《圆明园四十景图咏》之《坐石临流》

[1] 中国第一历史档案馆：《清代史料档案——圆明园》，上海古籍出版社，1991，第404-409页。

繁荣的景象。整个区域包含买卖街、大戏楼和佛城（舍卫城）三个部分，毗邻"四十景"的"坐石临流"（图4-8）。

清代皇家园林中的买卖街并非圆明园独有，"三山五园"中除了静明园都设有买卖街，并且布局特点因环境而异（表4-1）。这似乎显得皇室不务正业，乾隆帝甚至从未在诗文中提起过逛街消遣，但它的存在恰恰说明了皇家对于人间烟火的向往。

表4-1　清代皇家园林中的买卖街

地点	所在景区	始建年代	保存状况
畅春园	玩芳斋以南、船坞以东	康熙二十三年（1684）	道光时期已无存
圆明园	同乐园	不晚于乾隆九年（1744）	毁于1860年
长春园	含经堂东侧	约乾隆十二年（1747）	毁于1860年
万寿山·清漪园	万寿山西侧小西泠、后湖中段万寿买卖街（又称苏州街）	乾隆十六年（1751）	毁于1860年，小西泠在晚清局部重建；苏州街于1990年复建
香山·静宜园	宫门外、香山寺外	约乾隆十二年（1747）	毁于1860年

圆明园中的买卖街分为南部的陆上和北部的水上两部分。陆上街市布置在一条南北向的大街上，北端止于舍卫城，并被中部的木板桥（又称"双桥"）划分为南北两段。据档案记载，店铺包括"嫩绿轩、同盛号、魁元堂、兴盛号、韵古斋、广兴号、聚香斋、德兴号、天祥号、华服斋、居之安、乐婴号、文雅斋、天宝楼、翠云斋、宝华楼、如意渡等座"[1]。从名称推测，包含服饰、家居、文具、古玩、香烛等琳琅满目的商品。又根据《圆明园内拟定铺面房装修拍子以及招牌幌子则例》等资料推测，买卖街还包含当铺、首饰铺、油盐铺、粮食铺、颜料铺、茶馆、干果铺、瓷器铺、兵器铺、丝绸铺、酒馆、饭庄、鸟雀店等诸多类型的店铺，几乎是一个真实的市场。此外，长街两旁点缀有遮阴的树木、水井和龙王庙等，细节之处尽显用心。

水上街市过去得到的关注并不多。早期的图档显示，舍卫城临水的东、西、北三侧可能均为商铺，驳岸参差有致，类似于江南水街（图4-9）。城墙根处另有一排连续商铺，与临水商铺构成一条环城墙的商业街。遗憾的是在晚期的图档上，北段街市已经基本消失了，大概是由于皇家无力维护而被拆除。

佛殿

佛殿

永日堂

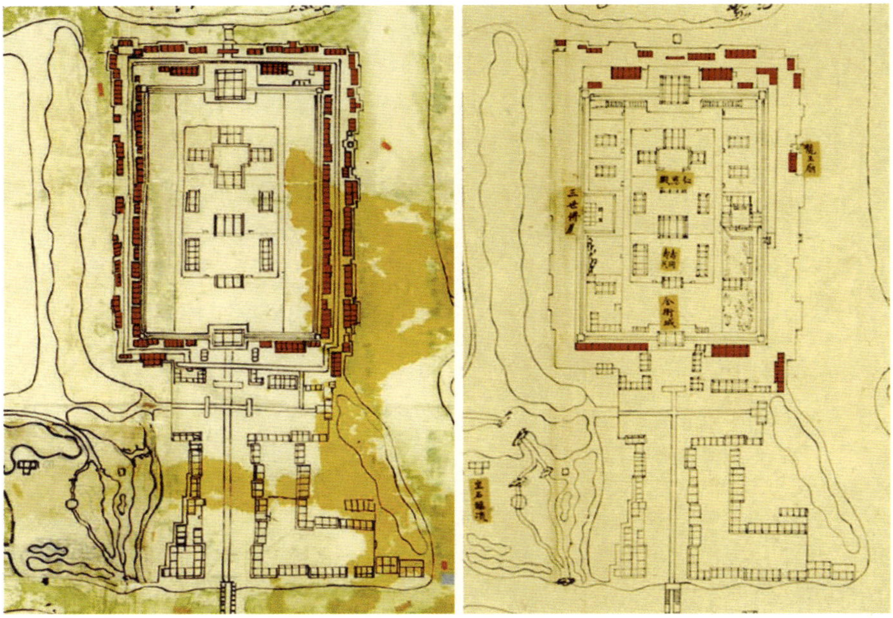

图4-9 前后两个时期的买卖街布局对比（标红部分）（故宫博物院藏1704号与1203号圆明园地盘图标注）

王致诚在信中对买卖街的描述（1743）

　　这座小城是康熙朝开始建造的，到了乾隆朝，每年有好几次太监们扮成各种各样的人，做生意、手工艺等各种职业都有，街头巷尾热热闹闹熙熙攘攘，甚至还有大城市中常有的诈骗。到了指定的日子，每个太监都穿上指定角色的服装，有的扮商人、有的扮工匠、有的扮士兵、有的扮官员、有的推着一辆手推车，有的挎着一个篮子，每个人都职责分明。码头上船帆林立，店门大开，商品琳琅满目。这里是丝绸街，那里是棉布街，这里是瓷器街，那里是漆器街，一切都是分工。这家是家具店，那家是衣铺首饰店，另一家是为学者和好奇的人开的书店。小城里还有茶馆和酒肆，大大小小的旅馆。小贩们向您叫卖水果，各种清凉饮料。杂货店老板拉着您的袖子缠着您买他的东西。在小城里可以任意所为。皇帝微服便装跟在他的随从后面几乎不被人察觉。集市上像真的一样嘈杂，每个人都夸耀自己的东西，甚至还有吵嘴打架，弓箭手们来制止吵架的人，把他们带到判官那里。判官审理以后作出判决，罚一阵杖责，那只是装装样子的，不过有时为了让皇帝开心就假戏真做了。

　　小城里，扒手们也没有被遗忘。这个"崇高"的职业由许多最机灵的太监们担任，他们扮演得惟妙惟肖。他们被当场抓住时出足洋相。他们受到审判，或者装着将他们送交审判，根据罪行轻重、偷盗数量判罚示众、杖责或充军流放。如果他们偷盗技巧高明，大家为他们鼓掌叫好，可怜的商人的诉状倒反被驳回，不过，集市收场时一切都物归原主。

　　这个集市只是为了给皇帝、皇后和其他妃嫔取乐的。有时也有几个亲王或大官一起来观看，有他们在场，后妃们就都要退下。店铺里陈列或出售的货物绝大部分都属于北京各商号的，是假装的。皇帝总是买许多东西，您可想而知，卖给皇帝的价钱是最贵不过的了。后妃们、太监们也买东西，所以尽管这并非是真做生意，倒也不乏热闹气息，使人兴趣盎然。

（作者注：舍卫城的始建年代应为雍正时期。）

文献引自：（法）杜赫德：《耶稣会士中国书简集・中国回忆录》第IV册，大象出版社，2005，第287-305页。

　　景区中轴线的北端矗立着一座城池——舍卫城，它虽然"借用"了古印度佛教圣地舍卫城（Sravasti）的概念，但从外观上看是一座微缩的中国城池，城墙、城门、牌坊、马道等结构兼备（图4-10），显然也是为了烘托市井气息。曾在圆明园长期供职的法国传教士王致诚（Jean-Denis Attiret，1702—1768）一语道破其功能："这个集市只是为了给皇帝、皇后和其他妃嫔取乐的。"比较而言，城内的布局如同一座佛寺：中路布局严整，东西路以附属用房为主，并在东侧布置小型庭园湛然室、悦霁亭。或许可以理解为，在对应"天市垣"的景区中，原本天帝的位置用于安奉神佛，现实的皇帝则隐藏在同乐园中。

　　同乐园的大戏楼名曰"清音阁"，是宫廷戏曲表演中心。在上元节，这里连续十日上演年度大戏，各种花样的彩灯将宫殿装饰得富丽堂皇，如灯戏《庆丰图》；其他节令如万寿节、端午节，这里也会上演一天或多天的大戏。

　　清音阁与清宫其他几座大戏楼外观相仿（表4-2，图4-11），由3层戏台和后面的扮戏楼组成，形成"凸"字布局。它的戏台面阔和进深均为三开间，为4丈5尺4寸（约14.5米）见方，地面至屋脊通高多达六丈四尺八寸（约20.7米）；一至三层的匾额为"春台宣豫""蓬阆[2]咸韺[3]"和"清音阁"，大意是说这里演奏的音乐好似来自仙境，能够带来欢喜。看戏殿位于戏台的对面，坐北朝南，皇帝坐楼下，后妃坐楼上；院落的东西两侧则是王公大臣、外藩使节看戏的座位。

2　音 làng。
3　音 yīng。

图4-10（法）谢满禄 摄·舍卫城遗址旧影（1882）（引自《圆明园旧影》）

圆明园清音阁（中国国家图书馆藏021-0011号）

避暑山庄清音阁

紫禁城畅音阁

颐和园德和园大戏楼

图4-11 清宫的四座大戏楼

　　清音阁的构造十分复杂，戏台的正中上至顶层，下抵地下，为贯通的方形井口。借助人工控制的滑车等机械装置，神佛鬼魅等角色可以在此"上天入地"，上演各种以神佛传说为主题的大戏，图档上甚至描绘了"地涌金莲"的机械构造图，可见其设计精巧（图4-12、图4-13、图4-14）。

表 4-2 清代皇家园林中的四大戏楼

地点	所在区域	戏楼名称	始建年代	保存状况
圆明园	同乐园	清音阁	雍正四年（1726）	毁于1860年
避暑山庄	东宫·福寿园	清音阁	乾隆十九年（1754）	毁于1945年
紫禁城	宁寿宫	畅音阁	乾隆三十七年（1772）	现存
万寿山·颐和园	德和园	—	光绪十七年（1891）	现存

图 4-12 现藏于北京故宫博物院的清代宫廷戏服（左：绿色缎绣桂兔金皮球花纹花神衣；中：青色缎绣葫芦金团寿字纹八仙衣-李铁拐；右：月白色纱绣花卉蝶纹宫衣）

图 4-13 清·宫廷画师 绘·《戏剧图册》之《宝莲灯》（北京故宫博物院藏）

图 4-14 清·宫廷画师 绘·《戏剧图册》之《四郎探母》（北京故宫博物院藏）

第十四讲 日夜宴乐的山高水长

在这一讲中你将了解到

山高水长武帐宴的座席排布有哪些特点？
圆明园的"上元之夜"都有哪些活动？

山高水长位于宫廷生活核心区的西侧，拥有观赏西山的良好视野。在这里，清朝多民族融合的特点得以彰显，现存的一些珍贵画样展示了白天"武帐宴"和夜间元宵灯会的盛况（图4-15）。

武帐宴的主要场地为节日时临时搭建的诸多蒙古包。虽然景区整体布局坐东朝西，但7座大小蒙古包依然按照朝会的规制，坐北

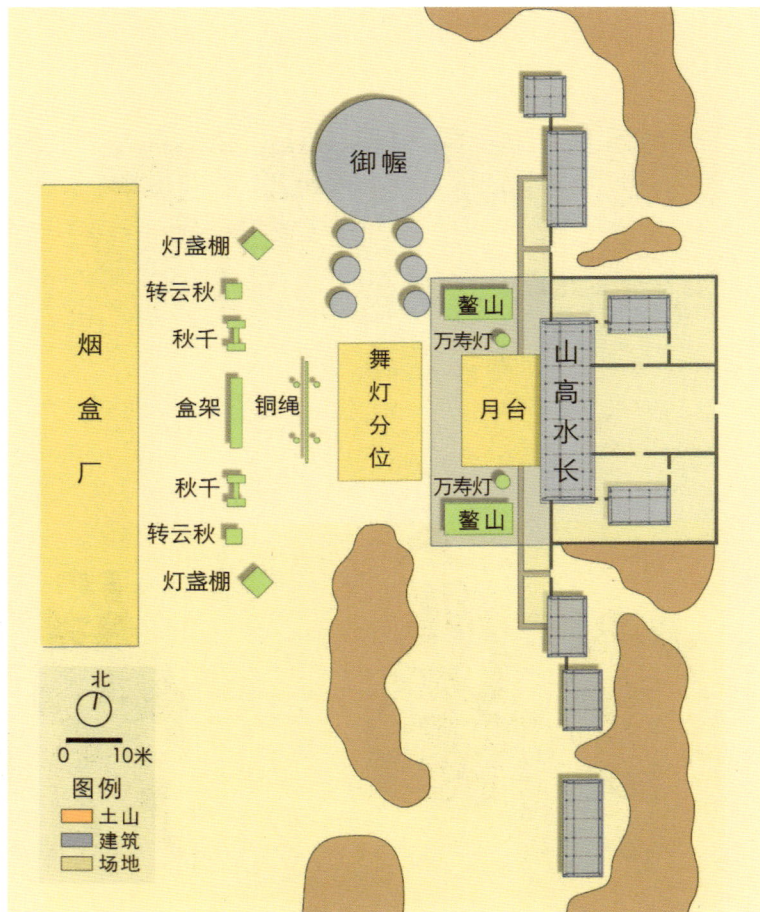

图4-15 元宵节期间山高水长的布局复原平面图（根据中国国家图书馆藏样式雷图档018-0001号改绘）

朝南排布在山高水长楼月台的西北侧。皇帝所在的大蒙古包——"御幄"或称作"帐殿"体量巨大，直径约为23米（7.2丈），面朝舞台。在《山高水长筵燕位次图》中，室内的座位布局类似于正大光明殿，皇帝宝座两旁为"八"字形排布的"贵宾席"，靠外侧为东西相对的座位。

御幄两侧，各有3座小蒙古包呈"八"字排布，或是按照《位次图》的描绘摆满了"吉台"（应为餐台），一些地位较低的人在此就座。这样的布局与避暑山庄的万树园、西苑紫光阁前临时布置的蒙古包格局相似，来自蒙古草原的王公贵族在这样的环境中，一定会倍感亲切和放松，也达到了皇帝想要怀柔的目的。

夜间的山高水长流光溢彩，活动五花八门，节日的气氛更加浓烈。山高水长楼两侧的万寿灯、鳌山灯对置。万寿灯的灯杆高挑，灯杆通体雕刻云龙纹并刷髹金漆，上部雕刻有繁复的龙的形态，顶部则是建筑造型的灯楼；鳌山灯的体量较大、外形可比拟自然山水或者宫廷建筑，是用彩灯来对"鳌山"（即海上仙山）的一种具象表现。

在西侧的平地上，布置有秋千、铜绳、盒架、转云秋等演艺设施。盒架在档案中又称"烟盒"，是一种悬挂在高木架上的独特烟花，在点燃后会产生层出不穷的变化，趣味横生；铜绳是指回部的高空走大绳杂技表演，但在乾隆三十六年（1771）因为发生意外而被皇帝禁止；再向西的大广场是则是燃放烟火的"烟盒厂"（图4-16、图4-17）。

皇帝和后妃、亲王、少数民族首领和外国使臣等人登临于此，面朝西侧观看各种表演，包括马戏、摔跤、杂技、民乐、舞灯、焰火等。乾隆四十八年（1783）的申正二刻（16点30分），乾隆帝和蒙古王等人在此举办宴会；从菜单来看，食物大多是元宵、饽饽、果子（即点心）等小食类，相对于中午的国宴而言简单了不少。

皇家焰火表演无比壮观，仿佛将黑夜照成了白天，巨大的爆炸声更是震撼着每位观众的心灵，彰显了强盛的国力。几乎每年乾隆帝都会留下一首《上元灯词》，从乾隆帝的"金花照夜如恒昼，火树烘春了不寒"和道光帝的"皎皎镫光让星月，层层火戏幻鱼龙"等诗句中可以对这种气氛感知一二。从档案可以看出，这些花炮的规格和数量令人震撼，它们由内务府制作或为两淮盐政的进贡。

乾隆四十八年（1783）的"上元之夜"

上至山高水长，元宵1品。两边台阶上蒙古王、郭什哈额附、郭什哈昂邦、乾清门额附、郭什哈辖等，用鼓盒16副，每家行整鼓盒1副，攒盘锝锝果子10盘不行，元宵8盒，每盒8碗，药栏外胡土克图堪布喇嘛，外边行走蒙古王、额附、台吉、霍罕来使，年班回子、杜尔伯特、朝鲜国来使人等，用鼓盒16副，攒盘锝锝果子30盘，各具满行元宵8盒、每盒8碗，山高水长楼上妃嫔等位，每位元宵1品。

文献引自：中国第一历史档案馆：《清代史料档案——圆明园》，上海古籍出版社，1991，第936-937页。

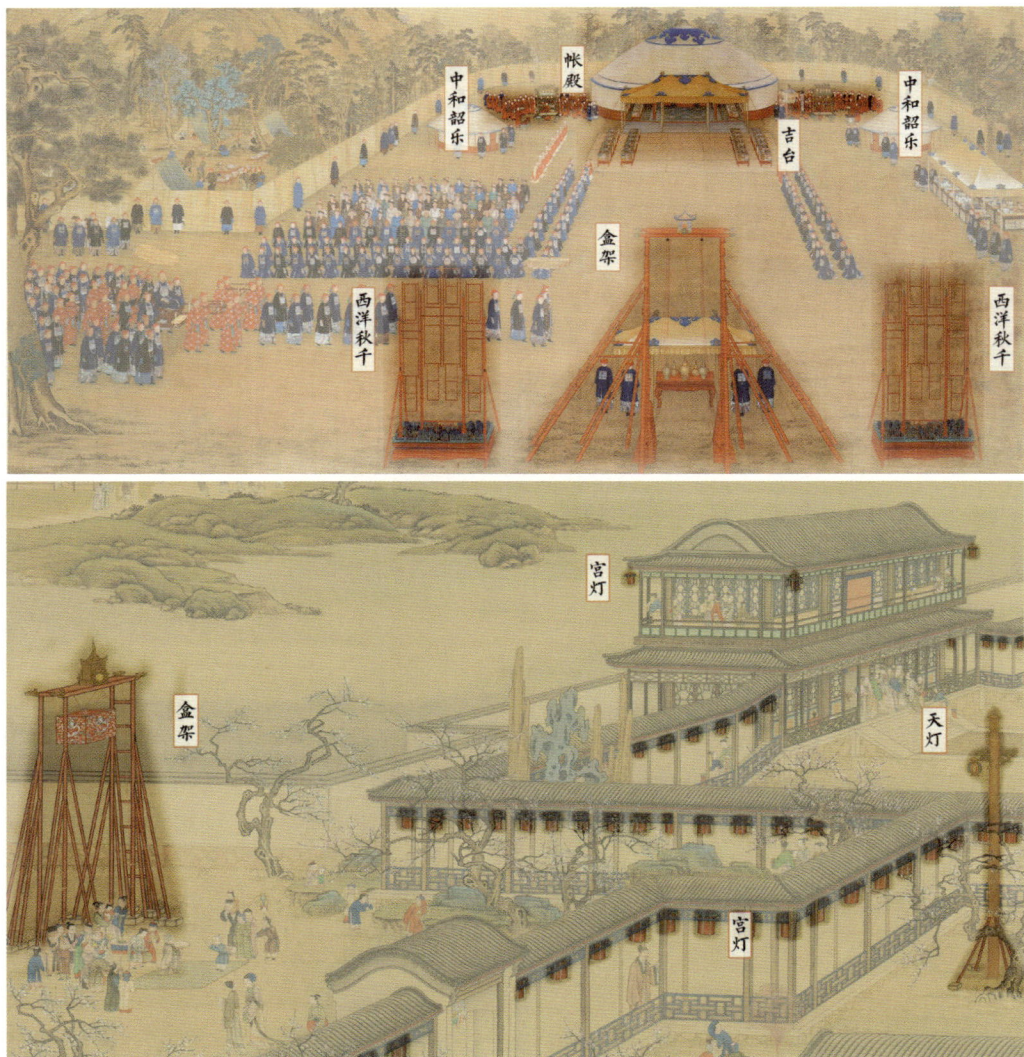

图4-16 宫廷绘画中的节庆场景布置（根据《万树园赐宴图》、《十二月令行乐图》标注）

图4-17 山高水长的上元之夜想象图

今日宜逛园

圆明园
里的日常

第五卷

经营篇

第十五讲 圆明园的宫门与管理

在这一讲中你将了解到

圆明园的哪些宫门有着专人进出的规定？
圆明园都有哪些形制特别的宫门？

圆明园属于"园庭禁地"，在四周建有连绵不断的虎皮石墙[1]，除东侧与长春园毗邻外，圆明园的四周均设有护园河，且西、北、东三面为两道平行的园墙。值得注意的是，两道围墙之间设有八旗驻军，并编号为"头诸旗"至"九诸旗"，可谓戒备森严（图5-1）。据记载，全园"东西通面宽五百二十九丈一尺，南北通进深

[1] "虎皮"并非指老虎，在古代也可泛指虎豹，它是一种用大块山石砌筑的墙体，类似于冰裂纹。

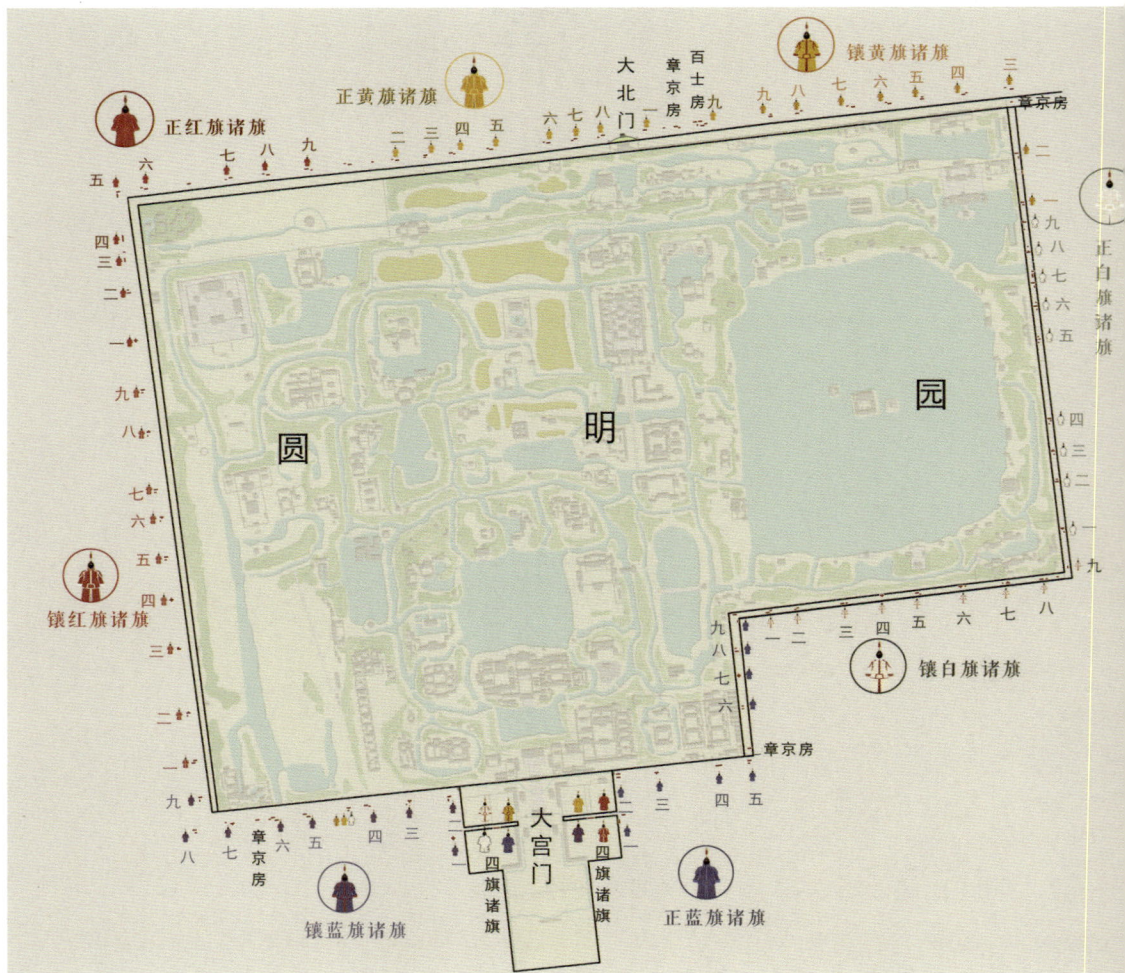

图5-1 圆明园（主园）四周的八旗驻军分布

四百五十丈五尺，周围大墙共凑长一千八百六十五丈一尺"[2]，换算过来即大墙总长 1865.1 丈（约 5968.32 米）。

宫门的分布与功能

为了通行便利，也出于安全性的考量，圆明园的四周均布置有大小宫门，供不同身份和职务的人员出入，其中南墙上的宫门最多。根据嘉庆六年（1801）内务府档案及宫门的位置分布[3]，可将各宫门的相关信息整理为表 5-1，其中一部分宫门是专供后勤人员出入的宫门，它们距离后勤人员的工作地点是比较近的。

表 5-1　圆明园（主园）的主要宫门分布及功能

宫门方位	宫门名称	关于进出人员的规定
南墙外	大宫门	—
南墙	出入贤良门（二宫门）	—
	内右门	"造办处逐日交接活计、查城内系该处官员带领匠作人等""茶膳房官员带领人役"
	内左门	"各省督抚等所进土产贡物，本园、苑丞、苑副等带领园户"
	福园门	"同乐园办理庆丰图本处并外项执事人员""晾船水手、网户人等""茶膳房官员带领人役""如意馆匠作人及西洋人等"
	西南门	"西厂子预备烟火技艺筵宴外藩并执事人员""太医院官员并懋勤殿匠役人等"
	藻园门	—
	东楼门	—
	秀清村门	—
西墙	西北门（锋锋门）	"园内应进供桌、泉水并喇嘛、种地庄头、农夫"
北墙	大北门（北楼门）	"各行买卖及厨役人等本处派员同崇文门官员""园内养蚕蚕户、种水田农夫"
东墙	蕊珠宫门	—
	明春门	—
	绿油门	—

从表5-1可以看出，一方面入园之人十分庞杂，包括办事员、工匠、水手、农夫、喇嘛、西洋人等；另一方面，在圆明园的14座主要宫门中，并非每一座都明确对应着不同类型的出入人员，但是像"出入贤良门"、藻园门这种重要的出入口应为帝后专属。《钦定总管内务府现行则例》还规定："一园内等处留用常川在内当差园户，人数责成该总管太监等约束稽查，以上十四款，出入报门按名查点，此外概不准其擅入。"大意是总管太监负责稽查这些人员及人数，他们出入时均要报备宫门及人名，反映出宫廷管理的森严。

即便如此，乾隆二十一年（1756）的一份档案表明，五园的园户存在着严重的冒名顶替问题：当年本应当差的园户540人，冒名顶替者竟多达95人，这说明门禁制度存在漏洞，严重威胁着皇家的安全。为此，内务府下令给每一位园户配与火印腰牌，并且明确规定园户出入的园门。现藏于故宫博物院的铁火印上铸有详细的年份，说明腰牌每年都会更新（图5-2）。内务府每天都会安排专人详细核对园户的腰牌及上面烙印的面貌、年龄，命令各门值班的护军"严行盘诘查验"[4]，并且"交该处首领带进当差，至出门时仍行点验放出至该处"，这说明园户进园后依旧被严格看管，并且他们需要从同一座宫门进出。

圆明园内安保级别最高的区域当属帝后寝宫区，即后湖九州景区。为防止外人擅入，嘉庆八年（1803）二月，皇帝下令将此区域划为"园庭内围禁地"，以九州清晏西南的南大桥和东南的如意桥为界，官员和匠役"俱不应擅过"。如需越过边界，应一律事先上报（图5-3）。

不仅如此，园户在九州景区还应严格回避皇帝，特别是"镂月开云""天然图画""坦坦荡荡"和"茹古涵今"四个景区。他们在皇帝驻园期间，不必到核心生活区当差，但需要在园外听候差遣；当帝后在冬季回宫居住时，园户才会被安排到殿宇中"值宿"。

图5-2 光绪三十四年的圆明园铁火印（北京故宫博物院藏）

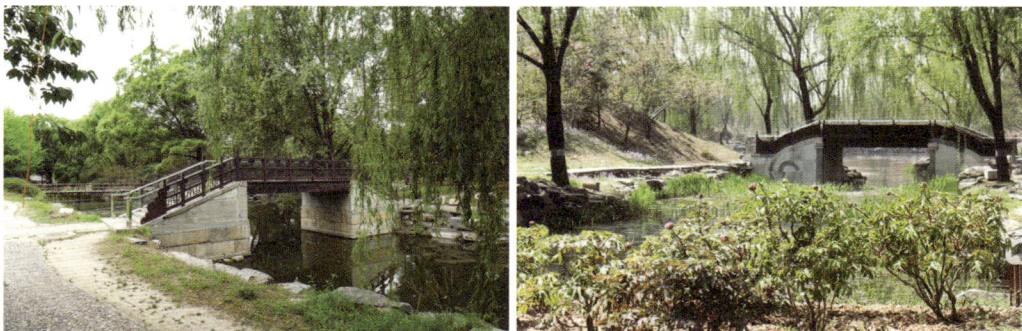

图5-3 "禁地"入口之南大桥和如意桥（复建）

宫门的形制

　　宫门的外形主要受到规制和功能的影响，但并非所有宫门都能够在绘画中找到具体形象（图5-4）。园内规制较高的宫门分别为全园一南一北的大宫门和大北门。

　　大宫门是御园的正门，明间悬挂有雍正帝的御题匾额"圆明园"，前有铜狮镇守，左右各开有罩门，外有宽阔的宫门广场；大北门虽然并不用于举办重要活动，但它耸立在园内外的乡野田园之间，起到了地标作用。

出入贤良门　　　　　　　　　　　　　　　罩门

大北门　　　　　　　　　　　　　　　水关（内为北远山村）

图5-4《圆明园四十景图咏》中的部分宫门形象

　　从建筑形制上，它们均为五开间、歇山顶的房屋，但后者颜色朴素，建在二层之上，在两侧设有马道连接到地面，其形制类似于颐和园的北宫门或避暑山庄的宫门。圆明园中级别较低的宫门体量较小，包括单开间的罩门（在墙上开门并在墙外建卷棚顶的门罩）、砖门（建在墙中央的砖石结构门）或更为简易的随墙门（仅在墙上掏门洞）。圆明园实际管控的"禁地"范围还包括宫门外的区域，由挡众木加以围合，即一种简易、可移动的木栅栏（图5-5）。档案中对绮春园宫门的规定是除了值班侍卫及管理人员，禁止一切闲人擅入。

　　还有一类特殊的宫门，由台基与宫门结合，体量较大，为圆明、长春两园夹墙之间的明春门，该名称取自"圆明"和"长春"园名的第二个字，建有面阔三间、进深三间的二层房屋，皇帝可直接由二层通过并抵达另一园中。此外，附属园长春园和绮春园虽然也建有多座宫门，但档案中仅有只言片语的出入规定："长春园当差员役人等，俱由澹怀堂右门出入"以及"绮春园当差员役人等，点名后俱由绮春园西宫门出入"。这说明两园的勤杂人员要远远少于圆明园主园，在职能上比较简单。

图5-5　清漪园宫门与挡众木（依据《万寿庆典图》标注，北京故宫博物院藏）

第十六讲 圆明园的经费收支

在这一讲中你将了解到

圆明园的经费来自哪些地方？
为什么说圆明园的开支是天价的账单？

　　无论是圆明园的建设、维护，还是皇室在园中的日常支出，都需要雄厚的财力支撑和完备的制度保障。对于普通百姓而言是天文数字的圆明园开支，在过去是完全无法公开的。从初建至被毁的150多年中，圆明园的工程究竟花费了多少银两？虽然目前无法精确统计，但并不妨碍我们了解财政的大致情况。

国库与内帑

　　康雍乾时期社会经济繁荣，国家相对安定，为兴建皇家园林提供了物质和社会基础。据统计，乾隆年间的国库存银从三四千万两增长到五千万两，再到七八千万两，数额之大和持续之久在历史上十分罕见。不过，兴建皇家园林并非使用国库银两，而是使用总管内务府账户——"内帑[1]"，也可以理解为皇帝的"私房钱"。

　　内务府银库共分为三处，分别是广储司[2]银库、圆明园银库和养心殿造办处银库。论级别，圆明园银库为广储司的下属机构，例如乾隆二十一年（1756）出现了库银紧张的情况，皇帝便下令园内水法工程、同乐园大戏台等工程直接向广储司领取20万两[3]。

　　圆明园银库除了负责本园的财务，还要负责统筹西郊其他几座皇家园林的开支。乾隆时期，静宜园的收入主要来源于收缴房租和变卖果品，当经费紧张时可以"呈明向圆明园银库支领"。嘉庆二十二年（1817）时，财务制度发生了调整。"三山、畅春园等处应领银两著由圆明园支领，如圆明园银两不敷支发，著奏明由广储司所存银两内拨给圆明园再行发给"，说明此时圆明园银库成了"三山五园"的财政中枢；如其经费不够用，则向广储司申请拨款；而其经费充足时也会向外转款，如嘉庆二十五年（1820）圆明园向广储司转款20万两。

[1] 音tǎng。

[2] 是内务府中负责管理府藏及各库出纳总汇的机构，下面还设置了银、皮、瓷、缎、衣和茶六个库房，这里面的库藏有金、银、铜、锡、珊瑚、玛瑙、琥珀、水晶、玉石、毛皮、绸缎等琳琅满目的物品。

[3]《三和等奏请领取园内水法等处工程银两折》，载中国第一历史档案馆：《清代史料档案——圆明园》，上海古籍出版社，1991，第84-85页。

4 据《钦定总管内务府现行则例 圆明园卷一》，"乾隆十六年六月，呈准圆明园一带房地租每年收得租银租钱，统于园内岁修应用。"据乾隆十八年（1753）《苏赫讷等奏静明园等地稻田菜园按圆明园例经管折》"至所得菜蔬果品择其上好者恭进土产外，其余菜蔬果品随昆明湖莲藕一并变价、汇总奏闻，交圆明园银库。"

5 赖惠敏：《乾隆皇帝的荷包》，中华书局，2016。

6《总管内务府奏遵旨议奏拨借圆明园银两交盐商生息折》，载中国第一历史档案馆主编《清代史料档案——圆明园》，上海古籍出版社，1991，第254-256页。

内帑的来源

　　虽然圆明园也有房地收租（500余两）和变卖农产品所得[4]的银两，但它的资金主要来源于商业投资（表5-2），包括盐税和关税的税金分配、借钱给商人赚取的利息等，由满族权贵为皇帝理财。此外，盐商或广东十三行的商贾巨富在各种庆典报效皇帝，动辄百万两，也成为收入来源之一[5]；罚没贪官的财产也会被收入圆明园银库。在银库管理上，内务府每5年就要彻底清查一次银库，自乾隆三十三年（1768）起还要一并核查"器皿库装修什物等项"。

表5-2　圆明园银库部分入账（乾隆至嘉庆朝）

时间	款项	金额（两）
乾隆二十二年九月	两淮盐政共捐银100万两	300000
乾隆二十八年十月	西宁、金辉、舒山三名盐政官员交银	16000
乾隆三十二年十二月	长芦盐政额外盈余银	25759.2
乾隆四十九年十二月	山海关税课余银（乾隆四十七年）	50000
乾隆五十年十一月	山海关税课余银（乾隆四十八年）	33961.089
	山海关税课余银（乾隆四十九年）	52000
	山海关税课余银（乾隆五十年）	53000
乾隆五十四年正月	张家口税课余银	30000
乾隆五十四年十月	征瑞罚缴养廉银	140000
嘉庆十八年正月	长芦盐政扣裁养廉银并盈余银	20222.554
嘉庆十八年二月	长芦盐政解到山东盐当规银	5565.051
嘉庆二十三年正月	长芦盐政扣裁养廉银并盈余银	19645.278
嘉庆二十五年正月	长芦盐政扣裁养廉银并盈余银	19945.224

　　内务府前后共设立了26座当铺，属于圆明园管理的当铺为康熙年间开设的圆成当，四阿哥胤禛就曾用22000两白银以"二分起息"的高额利率进行放贷。乾隆十六年（1751），皇帝曾下令从圆明园拨给云梯营5万两"资生银"。但是他不久便发现当铺的利润不高，于是关闭十余座经营不善的当铺，转而将钱借给商人。

　　皇室在盐业上的巨额收入被认为是榨取商人的手段之一。乾隆四十九年（1784），内务府拟"慎选殷实数商家"，将圆明园银库中20万两白银按照"一分"生息放贷，"以为添补岁修之用"[6]，这样每年可坐收24000两的收益，折合年利率12%。嘉庆五年（1800），皇帝从银库拨出10万两白银交两淮盐商，并按照"一分"生息，第二年就收到"例银"12480两，利率高达12.48%。

这种收入结构导致皇家过度依赖盐商的"报效"，乾隆帝南巡时的行宫也多由盐商出资兴建。但当盐商走向衰落时，远在北京的庞大园林群自然也失去了财力支撑。有学者认为，清王朝表面上将内廷与外朝的财政做出了清晰划分，实际上内务府通过干涉盐政，不断地侵蚀户部的财政。

圆明园内库贮存金银核查清单（节选）

道光十五年（1835）十一月

圆明园存九三成金一百五十八两六钱一分，九成金二百七十八两八钱八分五厘，八成金一百六十六两六钱三分六厘，七六成金十五两五钱，七成金五百六十一两八分，六成金六百七十五两，四成金五十两，三成金五十两。

圆明园存银十三万九千六百五十八两四钱三分四厘八毫。

圆明园存一两重银锞二十八万六百九十四个，五钱重银锞十八万一千四百五十六个，三钱重银锞二百个。一钱重银锞六百个。二共实存一两重银锞五十七万一千一百九十九个、五钱重银锞二十八万六千一十六个、三钱重银锞一千二百七十一个，二钱重银锞一百五十三个，一钱重银锞四千二百五十五个，均与印册出入相符。

文献引自：《奕纪等奏遵旨清查宫内及圆明园库贮对象折（附列表）》，载中国第一历史档案馆主编《清代史料档案——圆明园》，上海古籍出版社，1991，第516-534页。

天价的账单

皇家园林每年都要进行"岁修"，对大殿内外、园林山体、水岸、桥闸、船只、围墙等各项建设维修打理，十分细致。此外，皇帝还随时可能下旨新建、改建工程。部分工程已无法查到款项明细，目前可供参考的资料主要是乾隆和嘉庆两朝的档案。

乾隆五十年至五十二年（1785—1787）间，圆明园、长春园、绮春园和熙春园四园的岁修银（图5-6）大体维持在三四千两的水平；但到了乾隆五十六年（1791），对于圆明五园的岁修银突然达到以前的十多倍，原因尚不明确。

从已披露的工程档案中还可以发现一个细节：乾隆末年至嘉庆初年，圆明园工程的开销十分巨大，堪称奢靡。在乾隆五十八年（1793）十二月至嘉庆三年十一月（1798）这五年间（图5-7），

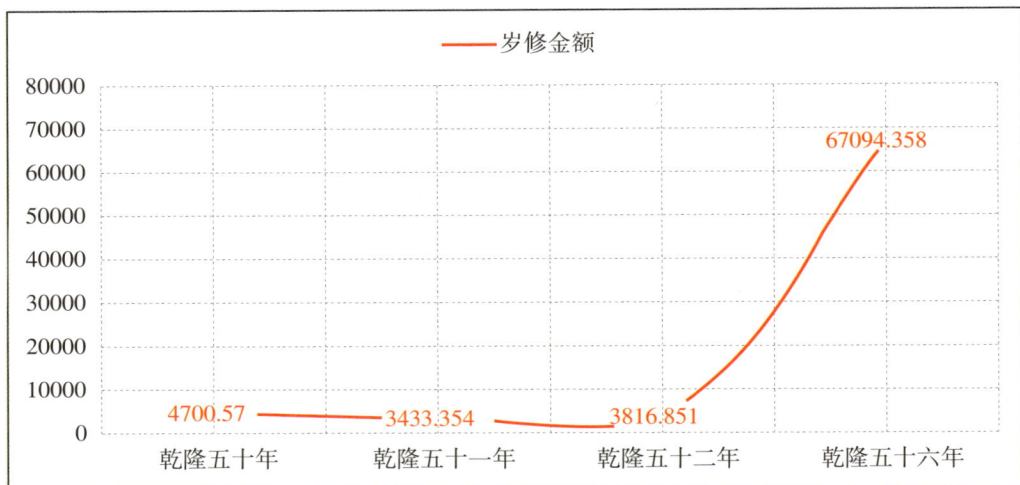

图 5-6　乾隆末年圆明园的岁修银

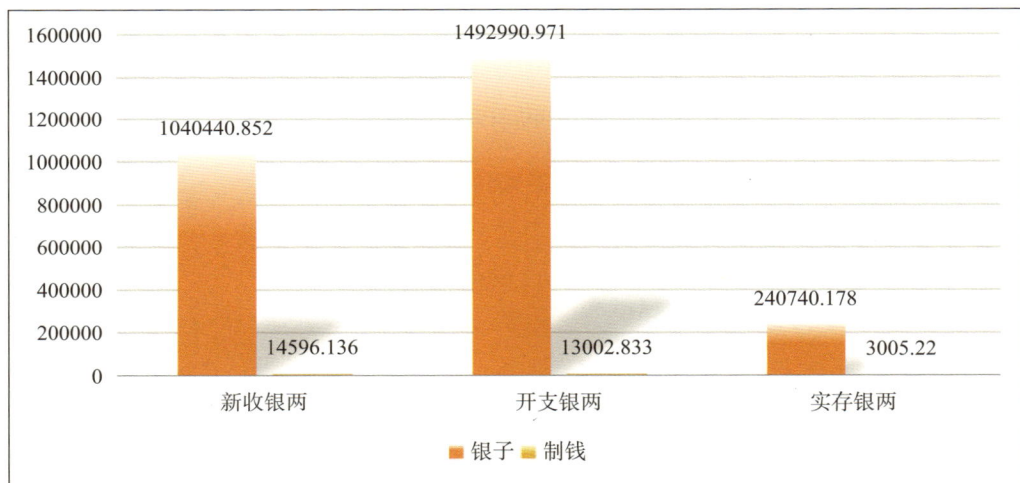

图 5-7　乾隆末年至嘉庆初年圆明园的收支银

支出超出收入 40 多万两，平均每年开销约 30 万两。细查每一笔支出可知（表 5-3），它们多为时任内务府总管的和珅、福长安等人奏销，这背后运作的秘密不得而知。

　　自雍正朝至咸丰朝，修建圆明园的耗费有所变化。在乾隆帝刚去世时，园中实存银据统计共有 296227.216 两，制钱 905 串 846 文。嘉庆帝在营建绮春园上不遗余力，从嘉庆十五年（1810）产生的一笔实销近 33.5 万两的账单可以看出，此次营建不仅连拆带建，还修理了全园的 196 艘船只。道光帝受到财政紧张的影响，力求节

表5-3　圆明园在乾隆末年至嘉庆初年的账单（节选）

账单时间	人员及款项	金额（两）
乾隆五十九年十一月	和珅等奏销圆明园奉三无私、长春园、熙春园、绮春园、春熙院等处随时零星各座殿宇黏修	8423.973
乾隆五十九年十二月	圆明园、长春园、熙春园、绮春园并黑龙潭、大觉寺等处殿宇游廊工程	18595.914
乾隆五十九年十二月	圆明园、长春园、熙春园、绮春园、春熙院等处岁修工程	8423.973
乾隆六十年正月	山高水长所放烟火，每年俱系三月支领	1329
嘉庆元年二月	和珅等奏销圆明园天然图画、长春园、熙春园、春熙院工程	14671.449
嘉庆元年二月	和珅等奏销圆明园西峰秀色、长春园、绮春园、春熙院工程	6828.615
嘉庆元年五月	和珅等奏销绮春园工程	159647.623
嘉庆元年十二月	和珅等奏销圆明园春雨轩、长春园、熙春园、绮春园、春熙院工程	19600.48
嘉庆元年十二月	和珅等奏销圆明园山高水长、长春园、熙春园、绮春园、春熙院工程	6657.81
嘉庆二年十二月	圆明园、长春园、熙春园、绮春园、春熙院等处殿宇、房间工程	19600.48
嘉庆二年十二月	修理圆明园山高水长	6657.81

俭，自道光九年（1829），"圆明园各处殿座遇有岁修之时，著俟具奏后再行修理"，说明此时皇家对园林的修缮已非应修尽修、大修特修，而是有选择性的。

第十七讲 圆明园的职工及收入

在这一讲中你将了解到

曾有哪些人员在圆明园内工作？
基层园户的收入情况如何？

根据《钦定总管内务府现行则例》统计，圆明园及其附属园林的管理人员数量在五园中"位居榜首"，并且人员的编制数量一直处在动态变化之中。

圆明园（主园）在乾隆三十四年（1769）时，1名主事和他的2位协理事务官管理着24名六品至八品的苑丞、苑副以及9名笔帖式委署苑副。最基层则由18名园户头目、580名园户、40名园隶、106名各行匠役、11名笔帖式负责。此外，还有19名掌管皇家库房的各级人员，管理人员总计810人（图5-8）。

注：清朝不同等级的官服主要在补子图案及顶珠样式上有所区别

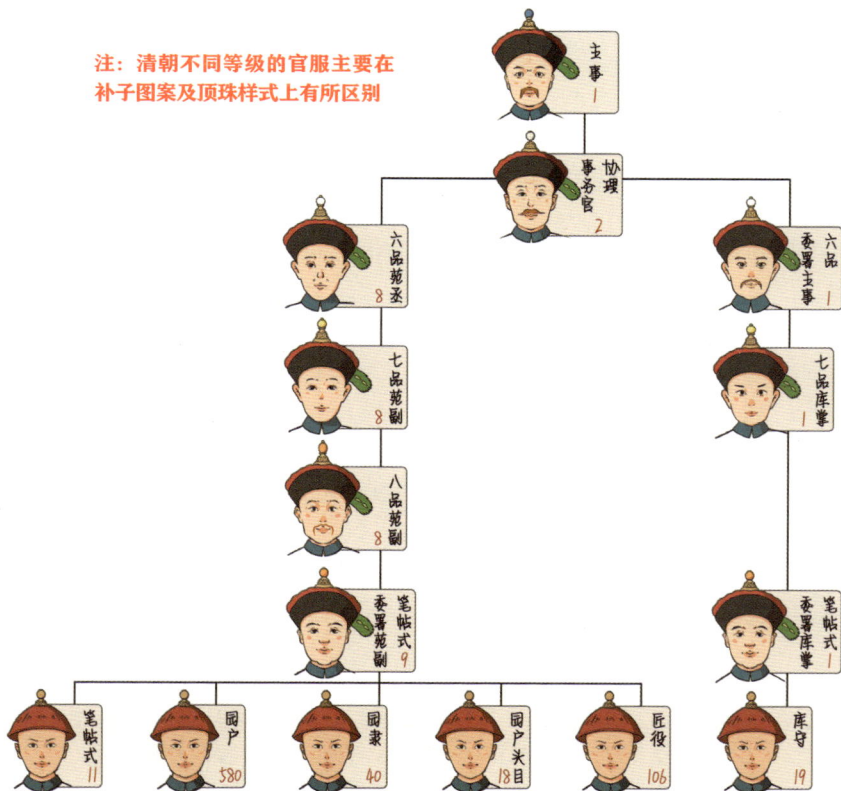

图5-8 圆明园的管理层级示意图

在圆明园的体系中，最多曾有4座附属园林，它们的人员编制也在不断调整。

长春园。乾隆十六年（1751），首座附属园林——长春园正式设立了管理机构。由于面积较小，内务府在此仅设六品总领1名、七品副总领和八品副总领各2名、园户40名，各行匠役6名，总计41人。乾隆二十四年（1759），随着西洋楼景区的扩建，编制增加了10名园户和4名花儿匠，至此合计55人。

绮春园。该园在乾隆三十四年（1769）并入圆明园，随后仅设立很少的人员编制。乾隆三十九年（1774）时，24名管理人员包括六品苑丞和七品、八品苑副各1名，笔帖式1名和园户20名。但在嘉庆时期，随着园林的扩建，人员逐渐增多，例如21名园户便从其他园调拨过来。道光时期皇太后居住在绮春园中，被废弃的畅春园和赐给亲王的熙春园中的人员也被陆续调拨到了绮春园。

熙春园。该园始建于康熙末期，并入"大圆明园"的时间比绮春园早了两年，在道光二年（1822）脱离五园体系之前，它由六品苑丞1员、委署苑副3员、笔帖式1员、库守5名、园户头目和园户等共49名的59人团队管理。由于熙春园被赐给其他皇室成员居住，这些管理人员也就被调往长春园和绮春园了。

春熙院。该园属于"圆明五园"的时间很短，乾隆四十七年（1782）并入，在嘉庆七年（1802）该园被赏给庄敬固伦公主之前，共有七品苑丞和八品苑副各1名、笔帖式1名、库守4名、园户园隶和匠役等28人。

从以上数据估算，"圆明五园"应有约1000人的庞大管理团队。

在这些人员中，特别值得关注的是圆明园的基层管理员——园户。园户是从八旗基层兵丁中挑选出来的，他们要经过两层筛选：第一层为族长，第二层则是内府三旗的佐领、管领[1]。园户主要负责打扫宫殿卫生、坐更、巡查等各种各样的工作。他们的待遇并不丰厚，根据一份乾隆五十二年（1787）的统计，在一次涨薪之后，园户头目的月工资达到2两，而园户每月工资仅有1两5钱[2]（表5-4）。

一份更详细的统计出现在嘉庆十年（1805），此时圆明园、长春园、绮春园、熙春园和南园（即绮春园西部的单独区域）内，基层的工勤人员多达908人，或许是因为绮春园的兴建而达到史上最高水平（表5-5）。从表中可以发现，园户和园隶被划分为两个工资级别，相差了0.5两；园户头目的工资为每月2两；其他的工种如花匠、水手、闸军的月工资仅为1两。

宫廷中直接服务于皇室成员的太监也是皇家园林中的一个较大

[1] 黄丽君：《化家为国：清代中期内务府的官僚体制》，台湾大学出版社，2020，第126页。
[2] 1两银子=10钱。

表 5-4　1805 年圆明园基层管理人员月收入统计表

工种	园户头目	园隶	园隶	园户	园户	花匠	匠役	水手	闸军	合计
人数	35	42	11	525	90	54	94	3	54	908
月收入（钱粮）	2 两	1.5 两	1 两	1.5 两	1 两	1 两	1 两	1 两	1 两	

表 5-5　清朝古人的年俸

贵族	亲王	郡王	贝勒	贝子						
金额	10000	5000	2500	1300						
妃嫔	皇后	皇贵妃	贵妃	妃	嫔	贵人	常在	答应		
金额	1000	800	600	300	200	100	50	30		
官员	一品	二品	三品	四品	五品	六品	七品	八品	正九品	从九品
金额	180	155	130	105	80	60	45	40	33.1	31.5
普通百姓（长工）	江浙	陕西、山东、湖北等	甘肃、广西、云南等							
金额	7	5	3							

注：贵族及官员收入据《大清会典则例》，后妃收入据《国朝宫史》；百姓收入会根据各地根据经济而不同。

群体。据统计，嘉庆十年（1805），圆明园等园内供职的太监多达620 人，最高的品级为六品（清宫太监最高级别为四品），月收入为银 6 两、米 6 斛，下设七品首领、七品总领、八品首领等 5 个级别。人数最多的还要属普通太监（表 5-6、表 5-7），他们又被分为 5 个不同等级，包含了技勇太监、船上太监、园内外的普通太监以及园内的下等太监。他们每月的收入从 3 两白银和 4 斛米[3]逐渐降低，最低级的太监每月仅能得到 2 两白银和 1.5 斛米。即便如此，太监的收入也要比园户、匠役等高得多，但他们晋升的道路十分艰难。

[3] 1 斛（音 hú）=10 斗 =50 升 =50000 毫升，1 升米约为 2 斤米。

表 5-6　1805 年圆明园及附属园林各品级太监人数统计表

品级	六品总领太监	七品总领太监	七品首领太监	八品首领太监	副首领太监	普通太监	合计
人数	1	4	10	22	51	532	620
月收入	银 6 两、米 6 斛	—	—	—	—	—	

表 5-7　1805 年圆明园普通太监人数及月收入统计表

品级	技勇太监	船上太监	太监	园内太监	园内下等太监	普通太监合计
人数	70	6	8	50	398	532
月收入	银 3 两、米 4 斛	银 3 两、米 3 斛	银 2.5 两、米 2.5 斛	银 2.5 两、米 2.5 斛	银 2 两、米 1.5 斛	—

根据一块在清华大学出土的清代石碑记载，1860年10月英法联军进攻圆明园时，任亮等技勇太监曾英勇地抵抗侵略者，最后不幸中弹身亡（图5-9）。从中可以推测，技勇太监受过一定的军事训练，起到安保作用。

图5-9 技勇太监任亮的墓碑及拓片（圆明园展览馆藏）

"咸丰十年八月二十二日，明亭公在出入贤良门内，遇敌人接仗，殉难身故。技勇三学，公中之人念其平生飞直，当差谨慎，一遇此大节，实堪景慕。因建立碑文，记其名氏，以期永垂不朽云。勇哉明亭，遇难不恐。念食厚禄，必要作忠。奋力直前，寡弗敌众。殉难身故，忠勇可风。咸丰辛酉四月河间王云翔撰并书技勇三学。"

——《圆明园技勇八品首领任亮墓碑文》

圆明园里的日常

今日宜逛园

第六卷

别园篇

第十八讲 长春园：归政娱老的 主题乐园

在这一讲中你将了解到

乾隆皇帝如何布局自己的"养老花园"？

长春园内的景区都取自哪些典故或者江南名园？

乾隆帝在《长春园题句（有序）》中，表明了建造长春园的初衷："予有夙愿，若至乾隆六十年，寿登八十五，彼时亦应归政，故临圆明园之东预修此园，为他日优游之地。虽属侈望，然果得如此，亦国家景运之隆，天下臣民之庆也。"

作为圆明园的首座附属园林，长春园是乾隆帝在紧邻圆明园的东部，给自己建造的一座"养老花园"。他以自己的号"长春居士"为园命名，标志着此园是他的"专属空间"，其功能类似于紫禁城东路的宁寿宫。

建园之前，长春园曾是水磨村的一片"隙地"，即闲置地。乾隆十二年（1747），全园的山水布局和主要景点已经基本建造完成；之后乾隆帝又陆续在原有的山水格局上，添建了若干个仿建景点，写仿了包括扬州趣园、南京瞻园、苏州狮子林（时称涉园）在内的多座江南名园，直到乾隆三十七年（1772）狮子林景区完工，全园共有15处园林景区（表6-1）。

表6-1 长春园内的写仿景点概况

长春园的景区	写仿的原型	建造时间
茜园青莲朵、梅石碑	杭州梅石双清	乾隆十六年（1751）
小有天园（思永斋内）	杭州小有天园	乾隆二十三年（1758）
如园	南京瞻园	乾隆三十二年（1767）
鉴园	扬州趣园	乾隆三十二年（1767）
狮子林	苏州狮子林	乾隆三十七年（1772）

长春园的平面布局接近正方形，占地面积约76公顷，约为圆明园主园面积的1/3（图6-1）。它的整体风格既不同于布局紧凑、以庭院为主的紫禁城宁寿宫，也不同于圆明园中几十个集锦式布局的独立景区，而是以中央岛屿为主体，7个较独立的水域环绕四周，并由堤岛分隔的疏朗式布局。其中，最大的两处水域——西北的"海

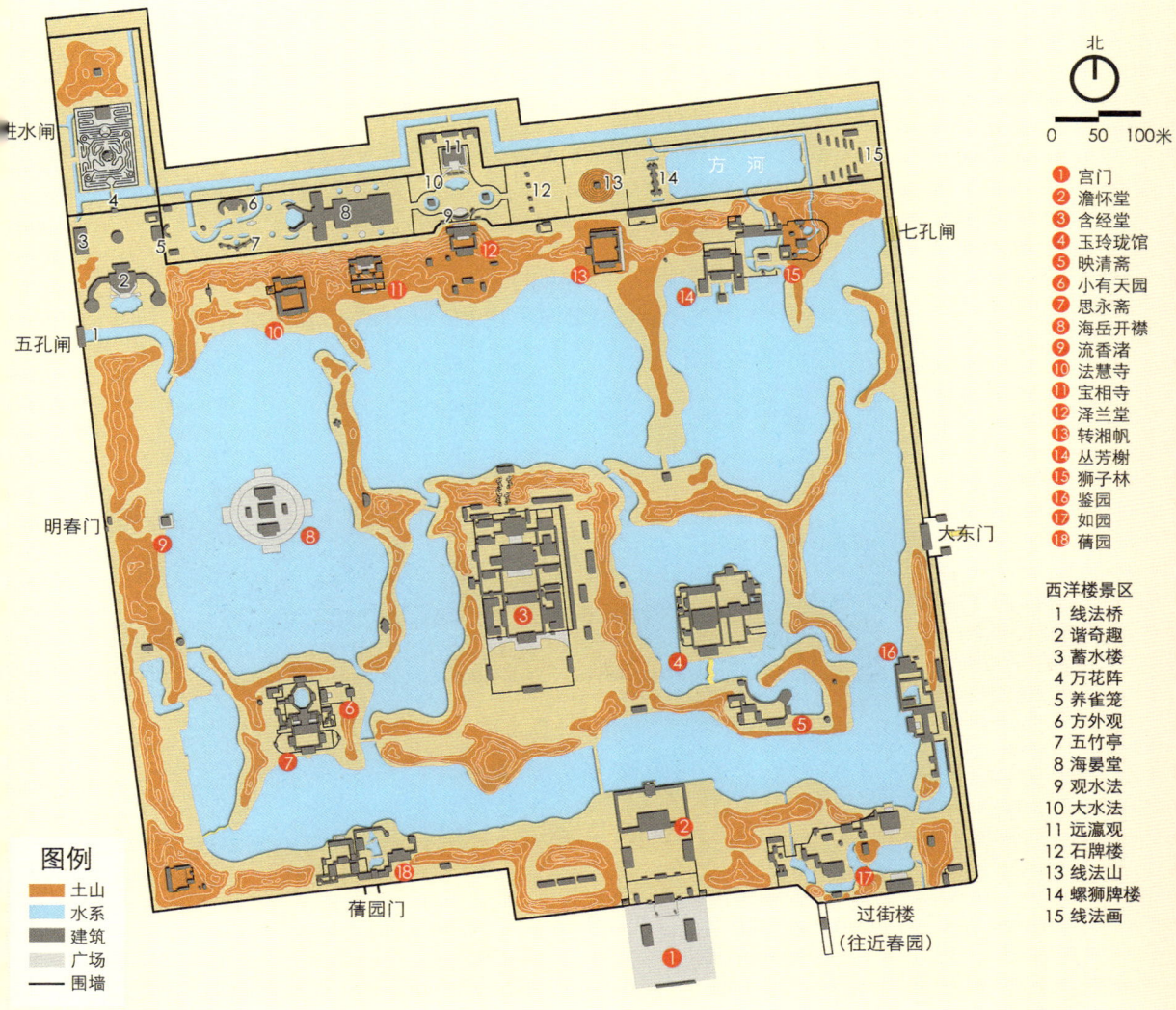

图例
- 土山
- 水系
- 建筑
- 广场
- 围墙

北

0　50　100米

① 宫门
② 澹怀堂
③ 含经堂
④ 玉玲珑馆
⑤ 映清斋
⑥ 小有天园
⑦ 思永斋
⑧ 海岳开襟
⑨ 流香渚
⑩ 法慧寺
⑪ 宝相寺
⑫ 泽兰堂
⑬ 转湘帆
⑭ 丛芳榭
⑮ 狮子林
⑯ 鉴园
⑰ 如园
⑱ 蒨园

西洋楼景区
1 线法桥
2 谐奇趣
3 蓄水楼
4 万花阵
5 养雀笼
6 方外观
7 五竹亭
8 海晏堂
9 观水法
10 大水法
11 远瀛观
12 石牌楼
13 线法山
14 螺狮牌楼
15 线法画

图6-1　长春园复原平面图（道光咸丰时期）

岳开襟"所在水域和含经堂北侧的水域面积约6到7公顷，仅次于圆明园主园中福海的面积。湖面四周的陆地上，均由人工堆叠着起伏的土山，多座园中园、寺庙或是点景的亭子分散其中，且大多数都与水面产生关联。因此，长春园的游览体验完全不同于圆明园，形容它为一座"水景园"再贴切不过。

前朝后寝：宫门与含经堂建筑群

按照"前朝后寝"的规制，长春园大宫门和正殿位于最南端，与圆明园相比，这里的布局和功能都更为简单。一根长220米的中轴线统领宫门区，两侧布局完全对称，贯穿南端的影壁至北端的众乐亭，并继续向北延伸到了水对岸（图6-2）。

正殿"澹怀堂"面阔五间，前出月台，殿内中央为宝座平台，东西两侧各安设有一架亮轿和暖轿，用于皇帝来园后的交通出行。殿后以游

图6-2 长春园官门广场（复建）

图6-3 澹怀堂大殿遗址

1 北京市文物研究所：《圆明园长春园宫门区遗址发掘报告》，科学出版社，2009，第114页。

廊连接了临水的众乐亭，在此可与水榭"云容水态"隔水对望。长春园宫门的考古发掘（2001—2004）与保护复建工程（2008—2009）是自1860年被英法联军劫掠、焚毁后，140余年来国家首次对圆明园遗址有计划地开展的考古、复建与保护工作[1]。宫门及广场均得到了复建，包括宫门外的一对铜麒麟也按照原物（现藏于颐和园仁寿殿前）复制，大殿遗址以原状展示为主，让人在对比中感受沧桑巨变（图6-3）。

宫门区以北，乾隆帝将寝宫布置在中间最大的岛屿上。这组布局规整的巨型宫殿建筑群总面积多达2公顷。不过，它的中轴线却从长春园宫门向西偏移了约100米，或许是由于长春园的级别较低。南端入口为东、西、南三面牌楼，内广场上曾栽植有58株侧柏，分7排有规律地栽植于被十字甬路分割的四块广场地面上。4座方形和圆形的毡帐建于宫门月台前的广场上，用于宴请少数民族首领及外国使臣（图6-4）。

建筑群共分中、西、东三路布局，进深约为150米。穿过宫门后，便是中路的含经堂、淳化轩和蕴真斋三座大殿。淳化轩的体量

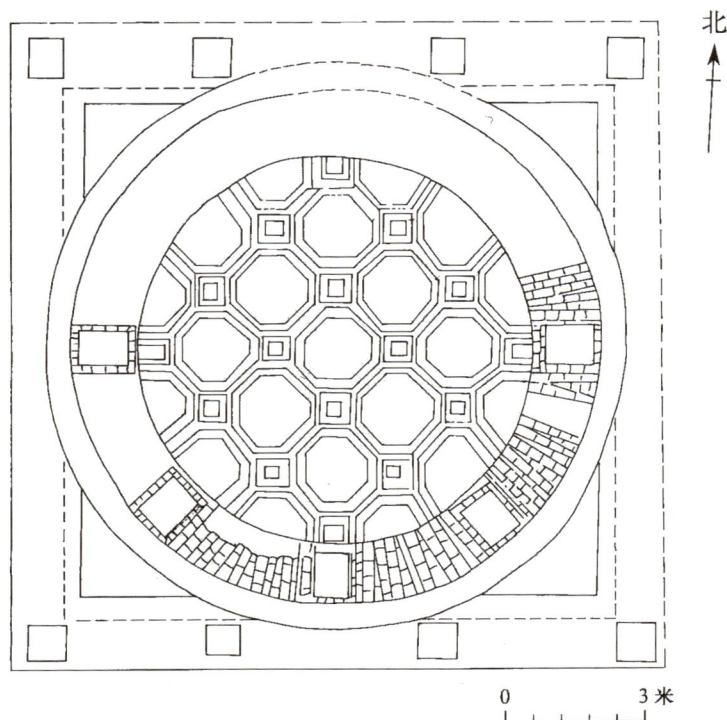

北

0　　　3米

图6-4　含经堂宫门前的砖雕毡帐铺装图案（引自《圆明园长春园含经堂遗址发掘报告》）

² 公元992年，宋太宗赵光
义命内府将历代墨迹摹勒于
石并刊刻，名曰《淳化阁
帖》，共十卷，收录了103
人的420帖。《淳化阁帖》
共10卷，第一卷为历代帝
王书，二至四卷为历代名
臣书，第五卷为诸家古法
帖，六至八卷为王羲之书
法，九和十卷为王献之书
法，这是中国古代书法作
品中一个瑰宝。

最大，与宁寿宫的乐寿堂在建筑规制、结构特点与功能上均十分相似（图6-5）。乾隆三十五年（1770），为添建这座大殿，蕴真斋被拆挪至北侧即现在所处的位置。乾隆帝效仿宋太宗，命人将收藏的《淳化阁帖》²重新摹刻，并将《钦定重刻淳化阁帖》的144块石刻镶嵌在大殿前左右的游廊之中（仅考古发掘出3片）。如此布局，使

"爰于长春园中含经堂之后，就旧有之回廊，每廊砌石若干页，恰得若干廊，而帖石毕砌焉，廊之中原有蕴真斋，因稍移斋于其北，即旧基而拓为轩。"

——乾隆帝《淳化轩记》，清高宗《御制文二集》卷十二

图6-5 紫禁城乐寿堂及两侧碑廊（引自故宫博物院官网）

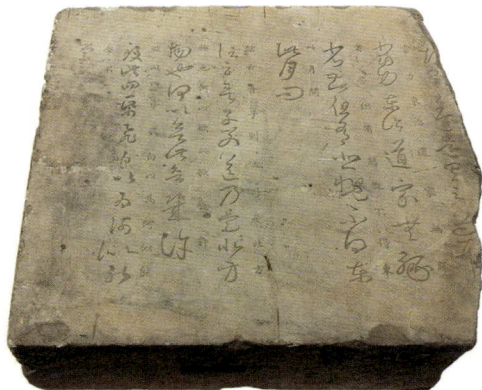

图6-6 遗址出土的《钦定重刻淳化阁帖》残片（圆明园博物馆藏）

他在园中就能欣赏书法经典，彰显自己的文治（图6-6）。

淳化轩西侧的"西顺山殿"三友轩，取自"岁寒三友"——松、竹、梅，连同北侧的静莲斋形成了浓厚的园林氛围。三友轩被4到9米高的北太湖石假山从三面环绕，山内有4条甬道，连接了周边的涵光室、静莲斋、蕴真斋与待月楼。值得一提的是，寝宫中建有相当完备的供暖设施，考古发掘曾发现20余座连地炕遗迹。其中，三友轩的地暖设施保存完好，由室外的操作坑和室内的炉膛、出火口、烟道组成（图6-7）。

嘉庆十九年（1814），东路北端的两进院落被改建为一座看戏殿"神心妙达"和戏台"乐奏钧天"。戏台与扮戏房连在一起，形成了"凸"字形布局。此处与南北总长135米、多达40间"铺面房"的买卖街共同构成了景区中的娱乐区。考古发掘时，戏台下方的地井中还有厚厚的炭灰和烧焦的黑色柏木地板；大殿柱础石的柱窝里，至今残存着木炭灰烬。

山水园林景区

长春园北部的土山之上，法慧寺、宝相寺、泽兰堂、转湘帆、丛芳榭、狮子林（内有十六景）几座寺庙及文人园林景点呈"一"

图6-7 整修后的三友轩遗址

图6-8 长春园的山林（泽兰堂遗址）与水乡（含经堂北湖面）景观

字排开。它们或隐匿山谷，或居高临下，或背山面水，山林野趣浓厚，使这座长约750米的人造山体呈现出多样的景观（图6-8）。鉴园、蒨园（内有八景）、如园（内有十景）、得全阁等均沿着园南部东西向的河道分布，风貌迥异，宛若江南水乡。登临大殿外的码头即可入园，进园后别有一番天地。此外，桥梁将水面划分为多段，在此泛舟游园的乐趣胜似游览扬州瘦西湖。

海岳开襟

　　海岳开襟位于湖中央直径约80米的圆形岛屿上，四面建有码头，西对岸有四方亭"流香渚"，东对岸有半月形平台"兰芝山"，均形成对景。登临这座高大的三层楼阁，向西可眺望御园全景及西山美

图6-9　（法）谢满禄 摄·海岳开襟旧影（1882）（引自《西洋镜下的三山五园》）

景。从立意上，"海岳"即海上仙山，"开襟"使指令人襟怀开畅，求仙意趣明显，但乾隆帝在诗中狡辩道"*我之所戒在求仙，海岳寄兴属偶然。保合太和励体乾，时乘六龙以御天*"[3]，大意是他在此游赏并不是为了求仙，还是要按《周易》乾卦那样履行天命，统治天下。此景幸存于1860年浩劫，现有数张珍贵的老照片存世，大殿在白皮松的掩映下十分肃穆（图6-9）。

[3] 乾隆二十四年《海岳开襟》诗。
[4] 乾隆四十七年《思永斋》诗。

思永斋

海岳开襟湖面南岸的不远处便是思永斋，两景的轴线大致相同。从立意上，"思永"有"永修身"和"永后世"[4]两层含义，应是乾隆帝借此景来警示后人不忘江山社稷。建筑群较为规整，逐渐抬高。一进院内为"工"字形的思永斋大殿，后为八边形水池，最后一进为二层"山色湖光共一楼"（颐和园现有同名楼阁），向北可透过山口眺望海岳开襟。

玉玲珑馆

此景是含经堂东侧岛屿之上的院落，仅有木折桥与南岸相通。"玉玲珑"用来形容假山的玲珑剔透；岛上的鹤安斋、狎鸥亭都表达了人与自然和谐共处或是归隐田园的自在意境。这里确实曾饲养过仙鹤，乾隆帝认为在园中养鹤是一种生活格调高雅的表现：诗中写道"园林率养鹤，以其调弗俗。素羽与朗音，足清人耳目。"[5]岛上建有一座微型画舫——"芥舟"，取自《庄子·逍遥游》中的名句："覆杯水于坳堂之上，则芥为之舟"，呼应了大主题。

映清斋

玉玲珑馆东南方向的小水湾与山谷中，还藏匿着一处十分精妙的小景。乾隆帝评价主建筑映清斋构造独特："回廊弯似弓，斋阁据当中。三面全临水，八窗迥俯空。"[6]映清斋为三面邻水的座钟形建筑，面水一侧的屋顶为重檐扇面形，通过一座宛若弓形的24间临水长廊与另一端的昭旷亭相连，在园中仅此一例（图6-10）。

图6-10 玉玲珑馆、映清斋景区复原模型

[5] 乾隆二十九年《鹤安斋》诗。
[6] 乾隆三十七年《映清斋》诗。

思永斋

海岳开襟

含经堂

淳化轩

玉玲珑馆

正谊明道

林光澹碧

昭旷亭

鹤安斋

狎鸥亭

映清斋

澹然书屋

随安室

第十九讲 西洋楼：中西合璧的天朝尊严

在这一讲中你将了解到

乾隆皇帝兴建西洋楼是出于怎样的目的？

西洋楼的哪些设计巧妙体现了中西合璧的特点？

长春园的北部条带上，建有一座中国园林史上前所未有的欧式花园——西洋楼景区，占地面积约为8.6公顷，约占长春园总面积的11.3%。

从乾隆十二年（1747）尝试启动首座欧式宫殿——谐奇趣的建造，直到乾隆四十八年（1783）远瀛观正式完工，西洋楼的建设共跨越了36年的时间。它是在乾隆帝的谋划下，由欧洲传教士和中国工匠共同完成的中欧文化艺术结晶。

早在康熙时期，欧洲科技已经随着传教士进入了中国宫廷。雍正时期，西洋装饰和西洋钟等装置开始出现在园林中，例如圆明园慈云普护的"时时如意大自鸣钟"、西峰秀色的"小匡庐"水法瀑布、水木明瑟的水力风扇等。

作为一个独立的园林景区，长春园的西洋楼具有完全不同于中式园林的特色。乾隆帝在诗文中也回顾了建造西洋楼的根本原因："盖缘乾隆十八年西洋博尔都噶里雅国（指葡萄牙）来京朝贡，闻彼处以水法为奇观。因念中国地大物博，水法不过工巧之一端，遂命住京之西洋人郎世宁造为此法，俾来使至此瞻仰。使知朕所嘉者，远人向化之诚，若其任土作贡，则中国之大，何其不有，初不以为贵也。"[1]传教士的书信也能够对此加以佐证。

1 乾隆六十年《题泽兰堂》诗。

整体布局特色

整个西洋楼景区在东西方向沿着轴线布局，全长约850米，南

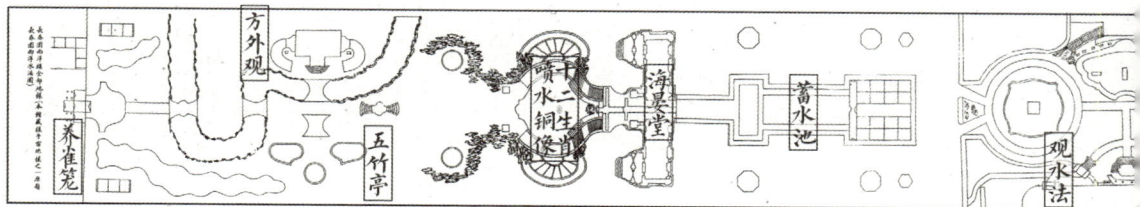

"在位的皇帝是天才的和渴求知识的君主。1747年，他看到一幅喷泉画后便让郎世宁修士向他解释，并问宫中是否有某个欧洲人能造同样的东西。这位因谦逊而使其才华更享盛誉的艺术家传教士意识到作肯定答复会带来的一切后果，因此审慎地对陛下道，他将立即去各教堂打听。但是皇帝刚走，一个太监就来（对郎世宁修士）说道：若哪个欧洲人能着手建造喷泉，他明天就应将其带进宫来。在宫廷用语中，最后这些话意味着一道命令，即必须不惜一切代价找到某个（胜任此项工作的）人。没有一个传教士会误解这一点，所有人都把目光投向了蒋友仁神父。"

"他（蒋友仁）专心致志地投入了这项工作，并立即被引见给陛下，说他可以借助书本，带领给他配备的工匠们建造水法或曰喷泉。皇帝大悦，仁慈地与他谈话，还说他将降旨，以确保神父对工匠们所做的一切规定均得到执行。"

——1775年《一位在华传教士的信》（节选），《耶稣会士中国书简集》第六卷

北墙间距仅为60米，因此显得较为狭窄。同时，景区的西端（谐奇趣、喷泉池及黄花阵）和正中（大水法、远瀛观和观水法）的两个位置被局部放大，能够有效避免游人在狭窄空间中感到单调（图6-11）。

　　为了避免中式与欧式两种园林"混搭"产生不协调感，景区四周被高墙封闭，南墙外还有连绵土山，游人只能通过西端的线法桥和中部泽兰堂的两个入口进入。线法桥上的大门结构十分特别，老照片表明：门朝外为中式屋顶，朝内则为欧式风格，有力地说明设计者希望欧式景区是完全独立于外界，自成一体（图6-12）。

开端——谐奇趣、黄花阵、养雀笼

　　"谐奇趣"的建设从乾隆十二年（1747）持续到乾隆十六年（1751），乾隆帝倾注了较多的心血。谐奇趣的主楼由一座三层高楼、两座八角楼阁及连廊组成（图6-13）。建成两年后，乾隆帝还一直在精益求精地安排室内装潢和陈设的事项，包括命郎世宁为谐奇趣大殿三间、东西稍间四间、游廊十八间、东西亭子二间等建筑绘制

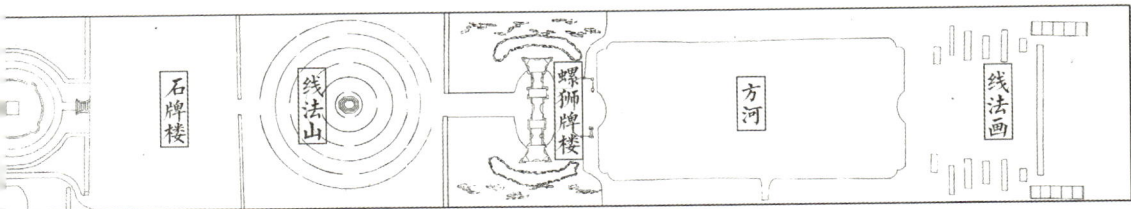

图6-11（清）样式雷 绘·《长春园西洋楼全部地样》（中国国家图书馆藏）

"通景画"。据传教士记载，水法的成功在当时的清宫是一个大新闻，蒋友仁神父取得了令乾隆帝惊喜的成功，正因如此，后续的水法工程得以陆续兴建。

谐奇趣北侧是以菊花形喷泉池为中心的花园。十字甬路向西通往二层蓄水楼，向北通向黄花阵，向东则穿过专门饲养珍禽的"养

图6-12（法）泰奥菲勒·皮瑞摄·线法桥旧影（1877）（引自《圆明园旧影》）

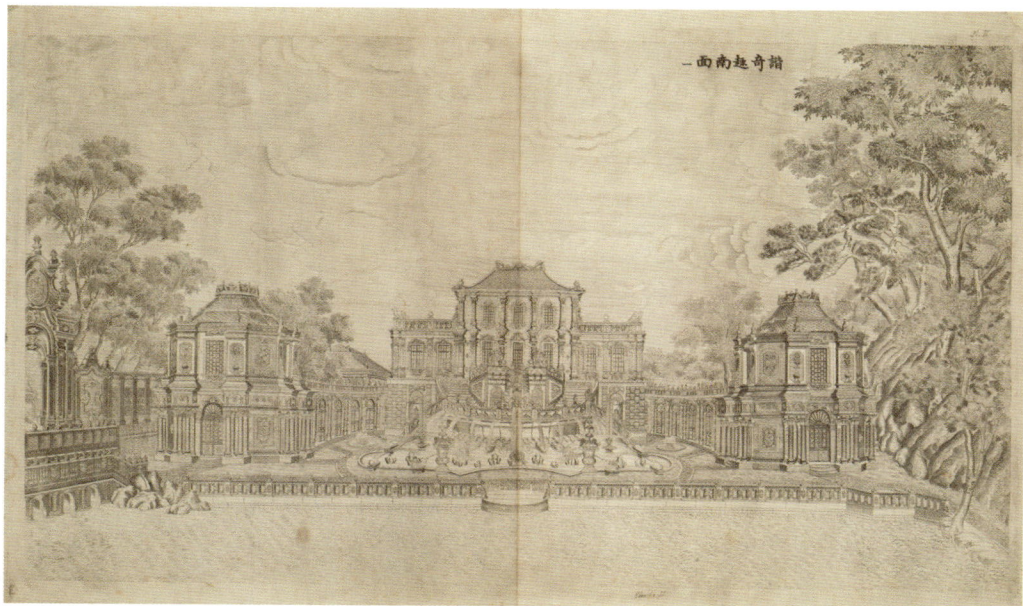

图6-13（清）伊兰泰 绘·《圆明园东长春园西洋楼图铜版画》之《谐奇趣南面》

"雀笼"并抵达下一个景区。

　　黄花阵（又称黄花灯）为一座长约90米、宽60米的方形迷宫，采用的不是欧洲常用的绿篱，而是装饰有"卍"字砖雕纹的矮墙（图6-14）。耐人寻味的是，档案记载内务府曾命人在砖墙上"铺贴草坯"，并且"逐日浇水"[2]，或许是想将它装饰为绿色的迷宫。宫廷档案几乎没有关于迷宫功能的任何记载，反倒是传教士的零星记录能给我们解惑："黄花"得名于宫廷中用黄色彩绸扎成的莲花灯。相传在中秋之夜，宫中女子手执一盏莲花灯进入迷宫，争相到迷宫中央的亭子里领取皇帝亲手赏赐的奖品[3]，别有一番节日趣味。

[2] 中国第一历史档案馆：《清代史料档案——圆明园》，上海古籍出版社，1991，第383页。
[3] 转引自《圆明园百景图志》对于《十八世纪耶稣会士所做圆明园工程考》的相关记述。

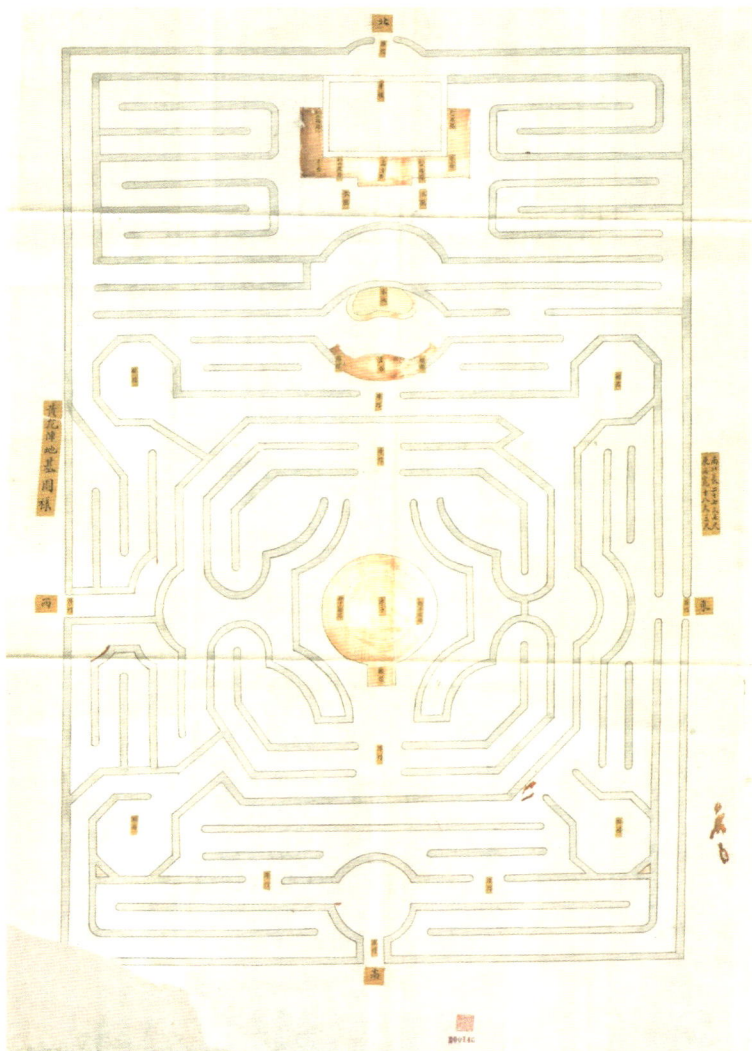

图6-14 （清）样式雷 绘·《黄花阵地基图样》（中国国家图书馆藏）

承接——方外观、五竹亭、海晏堂

方外观是一座别致的二层别墅，环形楼梯连接了室外与二层，据传曾是乾隆帝的维吾尔族妃子容妃做礼拜的场所。"方外观"大意是指世外或边远的楼台，隐含着求仙的寓意（图6-15）。方外观三面环水，精致的汉白玉小桥横跨着蜿蜒的水岸。在方外观对面，建有五座以游廊相连的重檐方形竹亭，是圆明园中唯一一座纯竹结构的建筑。

东侧不远处，另一座高大的欧式宫殿蔚为壮观，这就是海晏堂。"海晏"取自"河清海晏"，说明乾隆帝在欣赏异国风景时依旧不忘江山社稷。宫殿大门设在二层正中，由水池两侧的"八"字楼梯可抵达。喷水池的诸多细节突出了海的主题，例如水池内侧的顶端是两条尾部缠绕的鱼，口中喷出的水沿着水池边的石槽逐层跌落；鱼的下方是一块巨大的扇贝形石雕，水从这里流出，跌落到下方的假山石上激起浪花，别开生面（图6-16）。

图6-15（法）泰奥菲勒·皮瑞 摄·方外观旧影（1877）（引自《圆明园旧影》）

　　更具创意的设计是12尊兽首人身铜像分列水池左右，代表着中国的十二生肖。这一创意来自蒋友仁神父。"因为中国人用十二种动物象征一天中的十二个时辰，他便设想利用动物造型建一座永不停息的水钟，即让每个动物造型在各自象征的两个小时里喷出水来"[4]。从细部看，虽然都是动物形象，但它们的动作与真人无异，如手摇折扇的兔、紧握弓箭的狗、恭敬作揖的蛇、手持金箍棒的猴等都是趣味横生的形象，在不同的时辰由相应的生肖铜像自动向中央喷水，巧妙而富有创意。根据已回归的兽首铜像可知，它们以"失蜡法"一体铸造成型，神态栩栩如生，毫发毕现，体现了极高的工艺水准。

[4]（法）杜赫德：《一位在华传教士的信》，《耶稣会士中国书简集：中国回忆录Ⅵ》，大象出版社，2001，第73-74页。

图6-16（清）伊兰泰 绘·《圆明园东长春园西洋楼图铜版画》之《海晏堂西面》

高潮——大水法、远瀛观、观水法

　　海晏堂以东是最著名的"大水法"，喷泉与一座欧式拱门、两座11层金属塔相结合（图6-17）。拱门门洞中央的狮子向下喷水，形成了层层珠帘；前方的蝙蝠形水池中好似在上演一场热闹的"猎狗逐鹿"水戏。不仅10条猎狗都向中央的鹿喷水，而且鹿犄角上也喷出水柱，其主题虽来自欧洲，却与满族的游猎文化不谋而合（图6-18）。

　　据传教士记载，"当皇帝就座于御座上时，他在两侧可看到两大股金字塔状的水柱及附属部分，前面则是一组布置巧妙的喷泉。"皇帝宝座的平台及石屏风名曰"观水法"。这种坐南朝北的布局并不多见，或许是因为在西洋楼里不必遵守那些规矩。屏风中镶嵌了5块大理石浮雕，上面雕刻有甲胄、火炮、刀剑等兵器，表现了清帝想以军事力量震慑外国的心理。

　　大水法后面的高台之上耸立着一座高大的巴洛克式建筑——远瀛观。"远瀛"与"方外"两词均泛指遥远的地方。远瀛观将欧式钟楼的立面装饰与中式大屋顶结合，使建筑群在立面上富有变化。嘉庆帝常来这里游赏，他作的诗歌洋溢着作为"天朝"君主的自信，而道光帝则在此仰慕皇祖的功绩（图6-19）。

远瀛观

爱新觉罗・颙琰

楼式仿西洋，圣皇声教彰。
远瀛咸向化，绝域尽来王。
可识天威畅，同沾惠泽长。
大清超万古，继序凛无遑。

远瀛观述志

爱新觉罗・旻宁　道光三年（1823）

久仰高皇御世模，远人向化德巍乎。
海西琛赍昭王会，天外帆樯萃帝都。
垂示不须珍异物，绥徕只为焕鸿途。
孙臣继续增兢惕，勉竭精勤守不渝。

图6-17（德）奥尔默 摄·大水法与远瀛观遗址旧影（1873）（引自《残园惊梦：奥尔默与圆明园历史影像》）

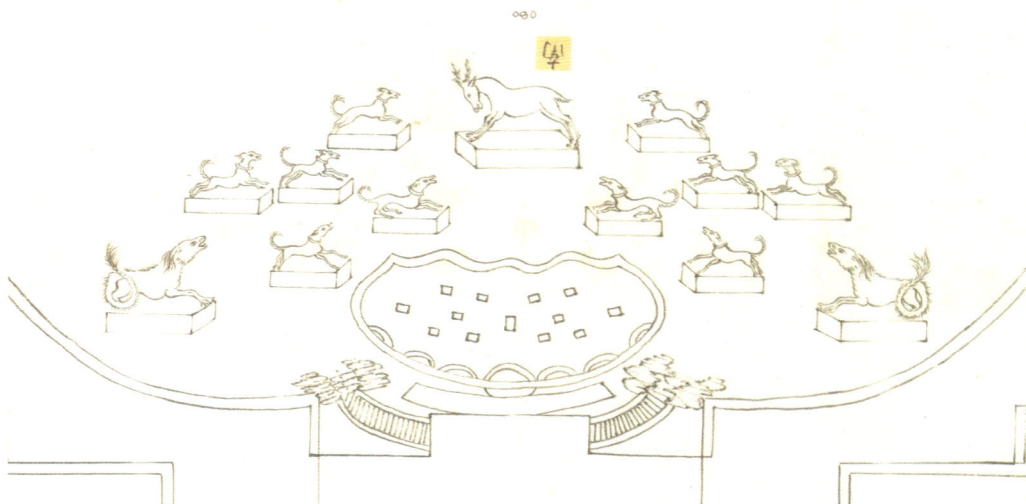

图6-18（清）样式雷 绘·《远瀛观地盘样》局部（中国国家图书馆藏）

图 6-19 西洋楼景区中部复原鸟瞰图

尾声——线法山、方河、线法画

　　西洋楼景区的最后一段由一座螺旋山"线法山"及供人远眺的透景画"线法画"组成。乾隆时期，皇帝常会命画师绘制"通景画"（即透视画）并装裱在室内，仿佛画里有画，此景别出心裁地将通景画技法应用在室外设计中。

　　登上这座高度不到10米的"线法山"，向250米外的东侧眺望，会发现仿佛有一座欧洲村落如海市蜃楼般浮现在方河的尽头，远处

则是连绵起伏的山脉（图6-20）。实际上，这些逼真的场景都是由装饰在墙面上的绘画呈现的。

　　在同时期的欧洲，皇室贵族以拥有中国风格的艺术品为傲，甚至在园林中建造中式建筑，最典型的便是邱园（Kew Garden）的中国塔。中国的"西风东渐"和欧洲的"东风西渐"，可谓世界艺术史上的佳话。乾隆五十八年（1793）英国使团来访时，乾隆帝曾将"瞻仰"他的欧式花园作为使团的行程之一，目的是通过西洋楼这一他引以为傲的作品来彰显"天朝上国"的威严。

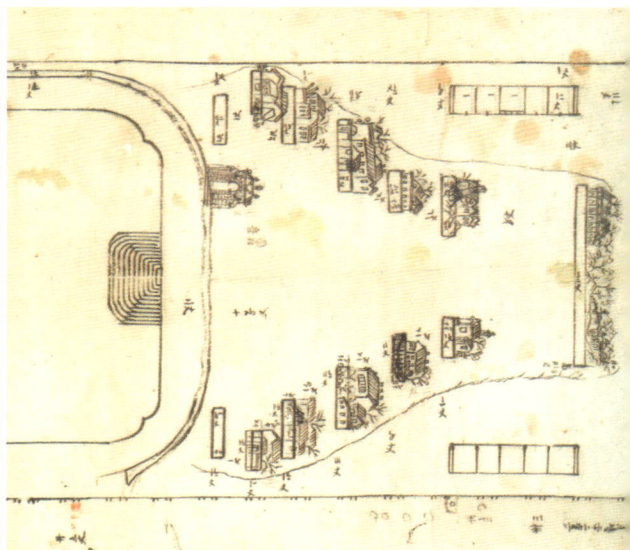

图6-20（清）伊兰泰 绘·《圆明园东长春园西洋楼图铜版画》之《湖东线法画》与样式雷图档（中国国家图书馆藏）

绮春园：嘉庆皇帝的守成之作

在这一讲中你将了解到

绮春园经历了哪些不同时期的建设？

绮春园的四季主题景观体现了嘉庆帝怎样的思想？

嘉庆帝的主要造园成就是打造了圆明园的另一座附属园林——绮春园。绮春园的归属演变较为复杂。这里最初为康熙帝赐予皇兄福全（1753—1703）的萼辉园，"东北御果园旧地，以赐裕亲王，其地有清泉乔木"（《萼辉园记》）。雍正帝继位后，将其赐予最亲近的皇弟怡亲王允祥（1686—1730），更名为交辉园。乾隆帝又将该园改赐孝贤皇后的弟弟、一等忠勇公富察·傅恒（约1720—1770），并以其字"春和"改名为春和园。

关于春和园的记载并不多。清代著名学者毕沅（1730—1797）曾遍游园中诸景，写下了《春和园纪游诗》，"帝鉴劢[1]相忠忱，爰赐上圈一区，在海淀禁苑东偏，为休沐所"，并为园内24组景点逐个赋诗[2]。

乾隆三十四年（1769），春和园被收归皇家，乾隆帝遂更名为"绮春园"，寓意园景如绮丽的春色一般。然而，热衷于赋诗的他没有给绮春园的风景留下诗文。记录绮春园建设的史料大多体现在工程档案中：乾隆四十五年（1780）左右，园中就已经有正觉寺、明善堂、双寿寺、雅园、碧涛书屋、眺吟楼、浩然亭、松风萝月、乐水山房、清吟书屋等诸多较为分散的景点，其中明善堂可追溯至雍正时期。

> "爰自嘉庆六年驻跸御园之后，暇时临莅，弗适于怀，每岁修理一二处，屏绝藻绘，惟尚朴淳，花木遂其地产之茂繁，溪山趁其天成之幽秀，园境较圆明园仅十分之三，而别有结构。"
>
> ——嘉庆帝《御制绮春园记》

虽然嘉庆帝自称嘉庆六年（1801）才正式开始修缮绮春园，但在太上皇刚刚驾崩的嘉庆四年（1799），绮春园的建设工程就已经开始。嘉庆帝将皇兄成亲王永瑆（1752—1823）从"西爽村"（绮春园西侧）迁入淑春园（和珅赐园）东半段，目的是合并西爽村并

---

[1] 音 mài，指努力。

[2] 春和园、虹梁、萝月山房、绛堂、兰辉堂、小桃源、含碧轩、连云榭、玉池、和庆堂、环秀亭、征香亭、小蓬壶、鹤柴、双寿寺、荻浦、明善堂、涵远阁、花畦、丰乐庄、雪堂、槐市、水云榭、西爽村。

图6-21（美）西德尼·戴维·甘博 摄·绮春园宫门（1919）

将宫门开在这里[3]。他还将绮春园西南的园中之园——含晖园改赐第三女庄敬和硕公主（1781—1811）居住。这时绮春园的范围相较于最终范围，只差了含晖园。两年后，包括含淳堂、展诗应律和敷春堂在内的第一批景点开始建设。

嘉庆十年（1805），"绮春园三十景"正式确定，嘉庆帝效仿父亲为每一处主要景点题写了景名和诗歌。直到嘉庆十五年（1810），他才按照规制，在全园东南的位置添建了绮春园宫门和勤政殿（图6-21），使它与其他几座皇家园林的地位齐平；同时期兴建的景点还有烟雨楼、涵秋馆、茂月精舍等。第二年（1811），三公主病逝，含晖园被并入绮春并更名为"南园"，绮春园也终于迎来了全盛时期。

[3] 根据《钦定总管内务府现行则例·圆明园卷》，嘉庆十五年（1810）时才建成现在位置的绮春园宫门，而嘉庆十三年（1808）时，西爽村"着仍称绮春园宫门"。

绮春园的总体布局

这座占地面积70万平方米的大型皇家园林包含了东、西、中三个部分，虽然水系相通，但有围墙分隔。人在水上游览时可以穿过围墙上的"水门"进入另一个景区，景色层出不穷（图6-22）。西部景区包含先后被并入御园的含晖园和西爽村；中部和东部景区

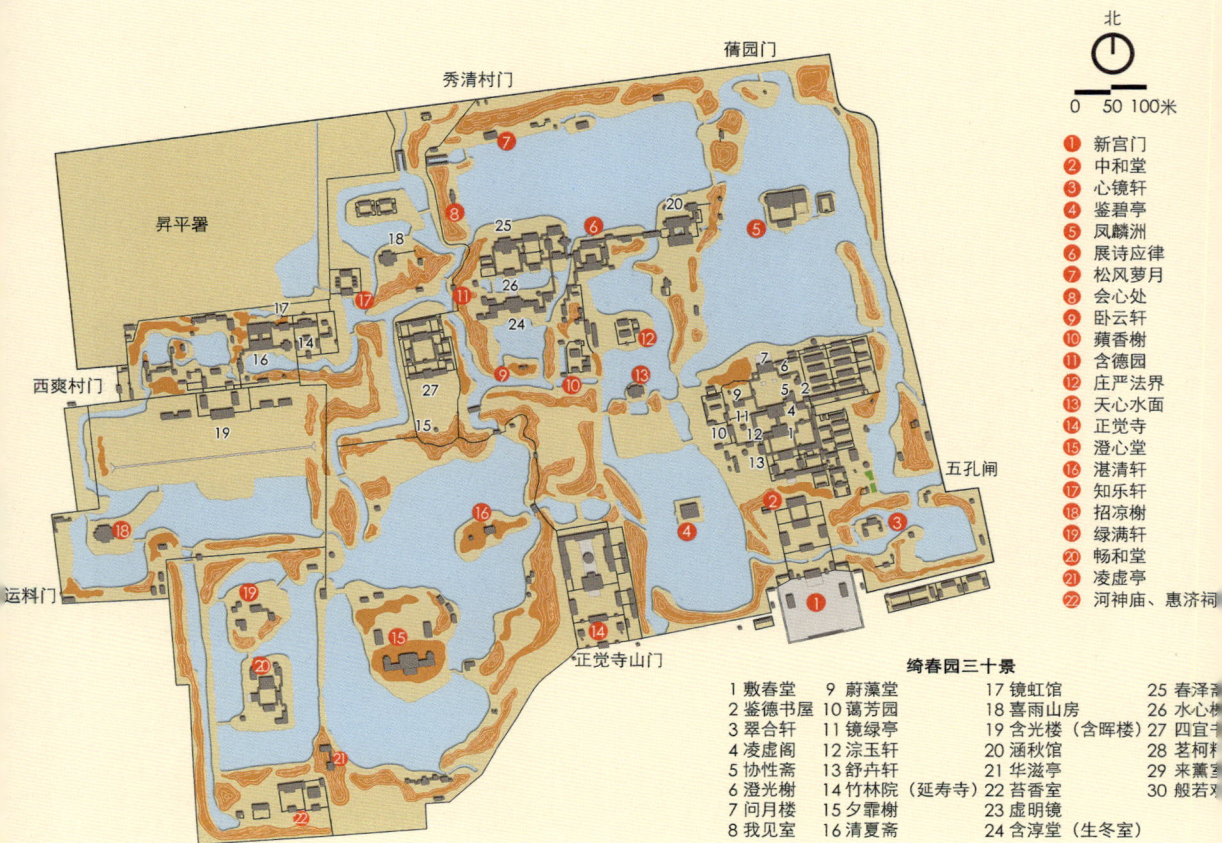

图6-22 绮春园复原平面图（道咸时期）

占据了全园主体，它们在道光二年（1822）时被一道蜿蜒的围墙分隔开，东部主要是供太后和太妃们居住的区域。史料表明，绮春园内居住了包括皇太后在内的多位前朝后妃，这里是她们颐养天年的场所。1860年圆明园沦陷时，居住在绮春园的道光帝妃子常嫔（1808—1860）因受惊而逝去。

东部景区

在"绮春园三十景"中，嘉庆帝充分领会了康熙帝在《畅春园记》中提出的"四时之春"思想，规划了春、夏、秋、冬的四季主题景观，寓意"四时肃乂[4]符而百谷实，阴阳序而两仪顺，建极中和体天育物[5]"，大意是四季整肃割草荇而谷物充实，阴阳有秩序而天地和顺，建立中正之道，平衡稳定不受干扰，依据天命孕育万物。

夏景之外的三景均位于东部景区中：春景对应宫门以北的寝居建筑群"敷春堂"，夏景对应西爽村中临溪而建的"清夏斋"（图6-23），秋景对应东北长堤上的"涵秋馆"，冬景对应面水而建的"生冬室"。从皇帝作的《绮春园记》来看，每一季节之景都寓意深刻。

春：敷春堂——"上天敷春而生庶物，人君敷仁而育万民，德至大也"，大意是上天施与春天（恩德）而万物得以生长，仁君施与仁义而得以育万民，恩惠极大啊！

夏：清夏斋——"何时能使官民浃洽中夏，澄清阜财，解愠熙皞，康和庶酬，考眷于万一焉？"，大意是什么时候能让官员和臣民在华夏的土地上和谐相处，合法有序地增进财富，解除苦恼，怡然自得，安宁和睦，实现各种愿望理想，极少会遇到亲人离世的情况呢？

秋：涵秋馆——"生于春，长于夏，成于秋，宰制庶物涵育群生，实天地之常，经古今之通义也"，大意是（万物）初生于春季，成长于夏季，成熟于秋季，（上天）主宰控制、涵养化育万物，符合天地的规律，也是治理古今的常则。

冬：生冬室——"敬绎圣制生冬诗题奥旨，因以名室"，大意是（我）谨慎地梳理出圣制生冬诗题的奥义主旨，借此为此室命名。此外，他还通过圆明园的同名景点四宜书屋对这四季景观加以总结，寓意"四序咸宜，八方永泰"，大意是四季景色都很宜人，八方安定太平。

绮春园的山水布局既不像圆明园那样拥有明确的寓意，也不像长春园那样规整清晰，而是灵活多变。为了给敷春堂景区创造更加宜居的环境，嘉庆帝将它规划成一座东、西、北三面环水的半岛。心镜轩、鉴碧亭、凤麟洲这些景点成了主岛在不同方向的对景（图6-24）。

图6-23（清）样式雷 制·清夏斋烫样（同治时期）（北京故宫博物院藏）

图 6-24 凤麟洲遗址

凤麟洲是《十洲记》中的仙岛之一，"洲上多凤麟，数万各为群"，是具有求仙寓意的主题景观（图6-25）。有趣的是，嘉庆帝曾在诗中表达了对求仙行为的鄙夷："秦汉求无已，蓬瀛孰见之？诞词真刺谬，妄念动愚痴。"[6]似乎此景的功能在于警示自己不能迷信，还是应该勤恳地工作，这很符合他的性格特点。凤麟洲岛屿西侧的岸边高台上，耸立着一尊托盘铜仙人像，又称"露水神台"，与整个景区求仙的主题是相通的。

中部景区

位于绮春园宫门以西的正觉寺始建于乾隆三十八年（1773），这座藏传佛寺与香山附近的宝相寺一样，供奉文殊菩萨。当年乾隆帝下令，从香山静宜园南侧的宝谛寺拨来大喇嘛1名和小喇嘛40名到此念经修行。正觉寺与畅春园的恩慕寺、恩佑寺相似，处于临街的地理位置，幸运地成了圆明园仅存的唯一一处木构建筑景点（图6-26）。

正觉寺以西，在面积超过8万平方米的湖面上，分布着一大一小两座湖心岛，原名"竹园"的澄心堂景区就位于大岛之上。主建

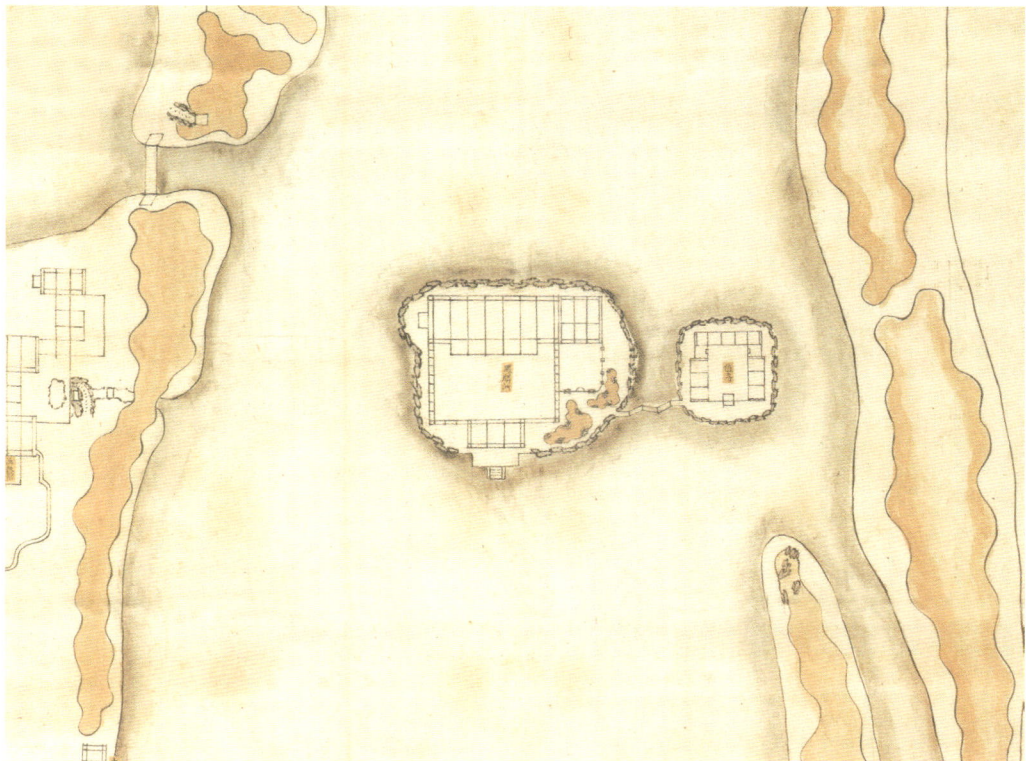

图6-25（清）样式雷 绘·《凤麟洲地盘样》局部（中国国家图书馆藏）

图6-26 正觉寺的最上楼、文殊亭与三圣殿

筑建于假山堆叠的高台之上，平面上呈"山"字形，东西两端的小殿又名"绮旭轩"和"垂虹榭"，可同时向南、北两个方向观赏湖景及对岸的建筑。

西部景区

绮春园西南角的区域又称"南园"，同样相对独立，大体可分为南北两部分。北半部分地势空旷，一条东西向长约250米的跑马道横亘楼前，功能类似于山高水长，是皇帝与其兄长观看骑射的场地。道光帝骑射技艺娴熟，目前仅存的一幅绮春园宫廷画描绘的就是他在射柳比赛中连中六箭后，一时兴起作画题诗的场景（图6-27）。

季春含辉楼马射

爱新觉罗·旻宁 道光五年（1825）

绮春胜境御园南，电掣青骢驰骤谙。
金垺鸣鞭矢中六，琼楼载咏月逢三。
柳垂碧线晴烟渺，草展文茵晓露寒。
缅忆当年承渥泽，时光迁易意何堪。

解读：清代的射柳活动在春暖花开的三月举行，道光帝在此诗中记述了激烈的比赛现场和他本人连中六箭后的欣喜，顺带描绘了园中柳垂草绿的春色。最后一句是他回忆起乾隆五十六年（1791）八月与祖父乾隆皇帝行围打猎过程中，一举中鹿后得到乾隆帝嘉奖的美好往事。

图6-27（清）宫廷画师 绘·《旻宁绮春园射柳图卷》局部（私人收藏）

图6-28 绮春园借景西山

　　景区的南半部分保留着居住和游赏功能，绿满轩和畅和堂分别位于一北一南的岛屿上，最南端的则是河神庙和惠济祠两座并排的小庙。惠济祠为江苏淮安同名寺观的仿建，明嘉靖时期由皇家赐名，寓意给穷苦的人们以恩惠，在绮春园这里则寄托了天下无水患的愿望。

　　纵观"三山五园"的发展史，绮春园是盛清时期大规模兴建的最后一座园林。在绮春园的人工山水中蕴含着深厚的政治和文化意蕴，但与乾隆时期相比，其造园风格已经发生了重要变化，在功能上几乎等同于皇室女性的"养老花园"（图6-28）。

参考文献

古籍史料类

计成，2011. 园冶 [M]. 北京：中华书局.

于敏中，等，1981. 钦定日下旧闻考 [M]. 北京：北京古籍出版社.

故宫博物院，2000. 钦定总管内务府现行则例二种 [M]. 海口：海南出版社.

故宫博物院，2014. 故宫博物院藏品大系·善本特藏编13·样式雷图档 [M]. 北京：故宫出版社.

中国国家图书馆，2016. 国家图书馆藏样式雷图档·圆明园卷初编 [M]. 北京：国家图书馆出版社.

中国国家图书馆，2017. 国家图书馆藏样式雷图档·圆明园卷续编 [M]. 北京：国家图书馆出版社.

郭黛姮，贺艳，2010. 圆明园的"记忆遗产"：样式房图档 [M]. 杭州：浙江古籍出版社.

中国第一历史档案馆，1991. 清代档案史料：圆明园 [M]. 上海：上海古籍出版社.

刘阳，2020. 圆明园旧影 [M]. 香港：商务印书馆.

刘阳，翁艺，2017. 西洋镜下的三山五园 [M]. 北京：中国摄影出版社.

何瑜，2014. 清代三山五园史事编年(顺治—乾隆)[M]. 北京：中国大百科全书出版社.

何瑜，2020. 清代圆明园御制诗文集 [M]. 北京：中国大百科全书出版社.

阚红柳，2020. 清代畅春园史料史料初编 [M]. 北京：北京联合出版有限公司.

当代论著类

专著

张恩荫，2003. 三山五园史略 [M]. 北京：同心出版社.

孟兆祯，2012. 园衍 [M]. 北京：中国建筑工业出版社.

郭黛姮，2007. 乾隆御品圆明园 [M]. 杭州：浙江古籍出版社.

郭黛姮，2009. 远逝的辉煌：圆明园建筑园林研究与保护 [M]. 上海：上海科学技术出版社.

郭黛姮，贺艳，2012. 数字再现圆明园 [M]. 上海：中西书局.

张宝章，2014. 三山五园新探 [M]. 北京：中国人民大学出版社.

王其亨，等，2005. 风水理论研究（第二版）[M]. 天津：天津大学出版社.

白日新，2018.圆明园盛世一百零八景图注[M].北京：世界知识出版社.

圆明园管理处，2010.圆明园百景图志[M].北京：中国大百科全书出版社.

吴祥艳，宋顾薪，刘悦，2014.圆明园植物景观复原图说[M].上海：上海远东出版社.

贾珺，2013.圆明园造园艺术探微[M].北京：中国建筑工业出版社.

阚红柳，2015.畅春园研究[M].北京：首都师范大学出版社.

中国圆明园学会，2007.圆明园(全五册)[M].北京：中国建筑工业出版社.

张超，2012.家国天下：圆明园的景观、政治与文化[M].上海：中西书局.

侯仁之，2009.北京城的生命印记[M].北京：生活·读书·新知三联书店.

徐刚，王燕平，2016.星空帝国：中国古代星宿揭秘[M].北京：人民邮电出版社.

徐卉风，1993.宫廷风·圆明园[M].上海：上海远东出版社.

阎崇年，2018.森林帝国[M].北京：生活·读书·新知三联书店.

崔山，2016.康熙园林活动考[M].北京：中国林业出版社.

张德泽，2004.清代国家机关考略[M].北京：学苑出版社.

朱诚如，2003.清朝通史·乾隆朝[M].北京：紫禁城出版社.

赖慧敏，2016.乾隆皇帝的荷包[M].北京：中华书局.

黄丽君，2020.化家为国：清代中期内务府的官僚体制[M].台湾：台大出版中心.

北京市文物研究所，2006.圆明园长春园含经堂遗址发掘报告[M].北京：科学出版社.

北京市文物研究所，2009.圆明园长春园宫门区遗址发掘报告[M].北京：科学出版社.

论文

王其亨，张凤梧，2010.再现圆明园百年变迁格局[J].天津大学学报(社会科学版)，12(05)：419-423.

王其亨，2016.清代样式雷建筑图档中的平格研究：中国传统建筑设计理念与方法的经典范例[J].建筑遗产(01)：24-33.

端木泓，2009.圆明园新证：乾隆朝圆明园全图的发现与研究[J].故宫博物院院刊(01)：22-36，156.

贾珺，2009.圆明园买卖街钩沉[C]//建筑历史与理论第十辑(首届中国建筑史学全国青年学者优秀学术论文评选获奖论文集)：141-153.

靳超，2014.试论《圆明园四十景图咏》建筑形象构图章法[J].北京林业大学学报(社会科学版)，13(03)：65-72.

白鸿叶，2016.国家图书馆藏圆明园样式雷图档述略[J].北京科技大学学报(社会科学版)，32(05)：37-41.

吴祥艳，贺艳，刘悦，等，2014.数字化视野下的圆明园九州景区造园艺术研究[J].中国园林，30(12)：108-112.

吴祥艳，2007.圆明园盛期物质实体空间构成要素分析：山水要素[J].中国园林(04)：40-46.

曹新，2016.圆明园的山水空间格局和类型研究[J].中国园林，32(06)：111-116.

刘仲华，2017.清代圆明园轮班奏事及御园理政的合法性困境[J].清史研究(04)：48-58.

张利群，2022.论圆明园宫廷演剧传统的形成与意义[J].故宫博物院院刊(08)：111-118.

李湜，2017.《喜溢秋庭图》考[J].故宫博物院院刊(6)：72-81，158.

王志伟，2024.圆明园中的"旋转游戏"清宫西洋秋千、转云游[J].紫禁城(04)：46-65.

朱强，李东宸，郭灿灿，等，2019. 清代畅春园复原及理法探析 [J]. 风景园林，26(02): 117-122.

王钰，朱强，李雄，2020. 畅春园匾额楹联及造园意境探析 [J]. 中国园林，36(06): 130-134.

朱强，2021. 北京海淀皇家园林群布局理法研究 [J]. 风景园林，28(09): 115-120.

朱强，2023. 从城市到山水田园：畅春园盛期空间复原新探 [C]// 北京市颐和园管理处，颐和园第18辑. 北京：文物出版社：15-30.

外文文献类

杜赫德，2005. 耶稣会士中国书简集：中国回忆录1-6[M]. 吕一民，沈坚，郑德弟，译. 郑州：大象出版社.

乔治·马戛尔尼，2013. 马戛尔尼使团使华观感 [M]. 约翰·巴罗，何高济，何毓宁，译. 北京：商务印书馆.

威廉·钱伯斯，2012. 东方造园论 [M]. 邱博舜，译. 台湾：台湾联经出版公司.

乔治·伦纳德·斯当东，2013. 英使谒见乾隆纪实 [M]. 北京：商务印书馆.

伯纳·布立赛，2005. 1860：圆明园大劫难 [M]. 杭州：浙江古籍出版社.

网络资源类

三山五园文献库 (https://insanshanwuyuan.com/)

《文渊阁四库全书》光盘版

故宫博物院藏品总目 (https://zm-digicol.dpm.org.cn/)

台北故宫博物院书画典藏资料检索系统 (http://painting.npm.gov.tw/)

法国国家图书馆 (https://www.bnf.fr/fr)

图纸来源

除标注引用的图片，其余均为三山五园工作室原创。书中全部手绘插图由李雪绘制；图1-7、图1-14、图2-14、图3-18、图4-8、图4-11、图4-16、图5-4、图5-5、图6-7、图6-10和专题3、专题5由赵英淇协助绘制，部分插图由赵芸卿协助调整。

后记

在 2020 年英文版《今日宜逛园——图解皇家园林美学与生活》问世之后，博士二年级的我决心在恩师孟兆祯先生的指引下潜心投入新的研究之中。在天下诸多名园胜景中，先生从不吝啬对圆明园的赞美之词，也心心念念着它的复兴。而对我来说，圆明园是学习中国园林与文化的启蒙教材，是饱含深情的研究对象。于是，我们师生二人很快达成共识，那就是要在已有的雄厚研究之外，再从风景园林的角度研究出一篇论文。本书正是在此文以及三山五园团队的研究基础之上创作完成的。

圆明园的专业书和科普书籍琳琅满目，本书有哪些创新呢？那就是注重从设计者和使用者的视角来解读，拉近圆明园与读者的心理距离。考虑到本书将面向广大历史文化爱好者，特别是一些年轻的读者，我还决定利用一些时髦的形式和轻松的文风来讲述圆明园的故事，也一定要让爱好者们"过瘾"，比如，我会在每讲的开头设问，创作丰富易读的插画和图纸，设置小专题，引用重要的原始文献等。为此，新书结构经历了多次大调，内容也经过了几轮打磨，在我毕业和工作两年之际终于正式出版了！

我要特别感谢北京农学院对我的厚爱与支持，让我能延续学生时代的团队并成立了三山五园工作室，更重要的是让我们有平台、有经费、有激情来开展各项工作。感谢恩师孟先生对我的悉心指导，我非常怀念他！感谢母校北京林业大学园林学院对我的多年栽培。感谢行业内一直给予我鼓励与支持的领导和前辈们。

在本书出版过程中，责任编辑孙瑶、袁丽莉付出了很多心血，本书才得以精彩呈现。同时，我有幸得到了很多同事、同行、学生、家人和朋友的关心和帮助，感谢赵锋、段留生和张德强三位校领导和付军、李金苹、孙薇薇、刘媛和鲍梦涵五位老师的关心与支持，感谢傅凡、王志伟、张龙、张超老师的宝贵建议，感谢宫廷绘画学者宋俊巍老师的帮助，感谢赵英淇、赵芸卿、方楚涵、田安迪、邵天达等同学在绘图和整理文稿上的协助，感谢妻子徐铭一如既往的支持。我将带着这些关爱，继续坚定走在"三山五园之路"。

朱强

2024 年 9 月